fine fleur

fine fleur

FLORALIES GANTOISES & ART FLORAL

René De Herdt • Patricia De Corte

lannoo

[AVANT-PROPOS]

La vocation manifeste de la Belgique, et plus précisément de la Flandre, pour l'horticulture, ne date pas d'hier. Au XVIe siècle déjà, ses habitants montraient un intérêt particulier pour les fleurs et les plantes. Au XVIIe siècle, les jardiniers de Bruges et de Gand sont déjà pleinement occupés à amender, bêcher, planter, désherber le sol, ainsi qu'à observer les phases de la lune et à semer. Il faut dire qu'à l'époque, obtenir de belles tulipes ou de beaux narcisses est encore une véritable entreprise. La culture de plantes méditerranéennes, comme les lauriers, les citronniers et les orangers, représente pour ces pionniers un autre défi. Le XVIIIe est, ne serait-ce que grâce au classement systématique du botaniste suédois Charles Linné, un siècle de progrès scientifique. Mais il faudra attendre le XIXe siècle, pour que, parallèlement à la révolution industrielle et au développement de la technique, des innovations décisives interviennent dans le domaine de l'horticulture. Grâce à la fonte, on construit de grandes serres. Les verreries sont à même de produire du vitrage de manière industrielle et à un prix abordable. Les poêles, alimentés au charbon, procurent la chaleur nécessaire. Certaines serres sont éclairées de lampes à gaz, ce qui permet d'avancer la floraison, c'est-à-dire de « forcer » les plantes. Depuis les tropiques et l'Extrême-Orient, des voyageurs et des *planthunters* ramènent des espèces à peine connues jusque-là.

Il existe aussi des acheteurs pour les produits de serre. L'aristocratie décore ses châteaux et les jardins qui les entourent de toutes sortes de variétés nouvelles. Les bourgeois, enrichis par le développement industriel, ne tardent pas à l'imiter. Mais à la fin du siècle, même l'homme ordinaire peut acheter des fleurs et des plantes. Le XIXe siècle est décidément placé sous le signe de la déesse Flora!

Les horticulteurs suivent évidemment les mouvements de la mode. Dans la première moitié du siècle, le camélia et la rose jouent un rôle important. Après 1840, ce sont les azalées, entre autres l'azalée vivace gantoise et l'*indica,* qui s'imposent au devant de la scène. L'orchidée reste rare et coûteuse. Les palmiers, plantes de jardin, plantes vertes et autres fleurs coupées se popularisent vers 1900.

L'introduction de nouvelles espèces, leur culture et le chemin complexe qui sépare le producteur du consommateur exigent une bonne dose de connaissances et d'expérience. Pour les jeunes horticulteurs, il n'est pas facile de les acquérir. Afin d'encourager la connaissance de l'agriculture, de l'horticulture et de la botanique, quelques jardiniers gantois fondent, en 1808, une association. Au fil des années, cette Société royale d'agriculture et de botanique s'emploie à diffuser soutien et information, notamment en organisant des expositions où des centaines de fleurs et de plantes sont présentées. Lors de ces manifestations, les horticulteurs peuvent prendre part à des concours et échanger leurs expériences.

Certaines ont un rayonnement international et, un jour, on les baptise « Floralies gantoises ». En 2005, nous en sommes à la 33e édition.

Il est clair que les horticulteurs et les pépiniéristes flamands peuvent se réclamer de siècles d'efforts et de savoir-faire.

Cet ouvrage illustre ce riche héritage sous tous ses aspects : splendides azalées, roses et plantes de parterres, plantes d'intérieurs et fleurs coupées.

Les arrangements floraux et le bouquet prennent aujourd'hui des allures de véritables chefs-d'œuvre. Les maîtres-fleuristes belges ont une renommée mondiale. Dans ce livre, nous vous en présentons vingt-quatre. Ils peuvent s'appuyer, dans leur travail créatif, sur des écoles spécialisées et des associations. Ces écoles d'art floral sont également mises en honneur dans l'ouvrage.

Ce livre constitue, par son texte et ses illustrations, un excellent moyen de faire connaître au public le talent et les connaissances de nos horticulteurs, fleuristes, pépiniéristes et artistes floraux.

J'adresse aux auteurs et à l'éditeur mes vœux les plus cordiaux pour cette magnifique publication.

COMTE DE KERCHOVE DE DENTERGHEM

[SOMMAIRE]

{1}

LES FLORALIES GANTOISES, PERLE DE L'HORTICULTURE

RENÉ DE HERDT

[I. L'HORTICULTURE EN FLANDRE]

L'INTÉRÊT DU MOYEN ÂGE POUR LES PLANTES

La Belgique aime l'agriculture. Les Belges et les Flamands, en particulier, aiment les plantes et les fleurs. Le climat du pays, avec ses saisons bien marquées, et sa situation naturelle en zone tempérée, froide n'y sont pas étrangers. Le zèle et l'ardeur au travail du Flamand y sont aussi pour quelque chose. Ces qualités étaient déjà visibles dans les œuvres des peintres du XVIe siècle. Les tableaux de Pieter Breughel l'Ancien (ca. 1528-1569), par exemple, montrent un peuple laborieux, qui a su trouver un équilibre sain entre effort et détente, activité et farniente, travail et joie de vivre. On y découvre aussi des preuves d'intérêt pour la nature et la flore locale. À partir de la fin du Moyen Âge, on voit grandir cet intérêt pour la plante, en premier lieu dans son usage médicinal, mais aussi alimentaire. Certaines plantes ou fleurs, comme le lys, le buis ou la rose gagnent quant à elles une valeur symbolique. Cet intérêt valut à de nombreuses plantes et fleurs d'être représentées dans les miniatures, les livres de prière et les peintures. Sur le célèbre retable de l'Agneau Mystique, de Jan et Hubert Van Eyck, on n'identifie pas moins de huit espèces indigènes. Plusieurs dizaines de fleurs et de plantes y sont figurées avec précision. Manifestement, les frères Van Eyck s'intéressaient aussi à la végétation méditerranéenne, puisqu'on reconnaît clairement, dans leur tableau, des espèces comme le cyprès, la figue, le pin pignon, la grenade, la datte et le citronnier.

Page de titre du *Cruydt-Boeck, volgens sijne laetste verbeteringe*, de Rembert Dodoens, édité par Françoys van Ravelingen à Leyde en 1618. Le frontispice porte la représentation d'un jardin Renaissance avec, à l'avant-plan, un cactus. En bas à gauche le médecin Rembert Dodoens, à droite, Charles de l'Escluse.

UN TRIUMVIRAT DE BOTANISTES FLAMANDS AU XVIE SIÈCLE

Au XVIe siècle, trois érudits flamands, Rembert Dodoens (1517-1585), Charles de l'Escluse (1526-1609) et Matthias de l'Obel (1538-1616) étudièrent les fleurs et les plantes sous un angle scientifique. L'essor de l'imprimerie locale leur permit de donner à la botanique en tant que science une large diffusion.

Rembert Dodoens, un médecin de Malines, fut le premier botaniste flamand à acquérir une renommée internationale. En 1554, il publia chez l'imprimeur anversois Jan van der Loe son *Cruydt-boeck* (« Livre des herbes »), dans lequel il décrit 1060 plantes à l'aide de 719 gravures. Malgré sa profession, Dodoens rompit avec la tradition qui consistait à n'étudier que les plantes médicinales.
Il fut aussi l'un des premiers à voir qu'il était possible de classer les plantes selon des critères précis. Grâce à cela, il

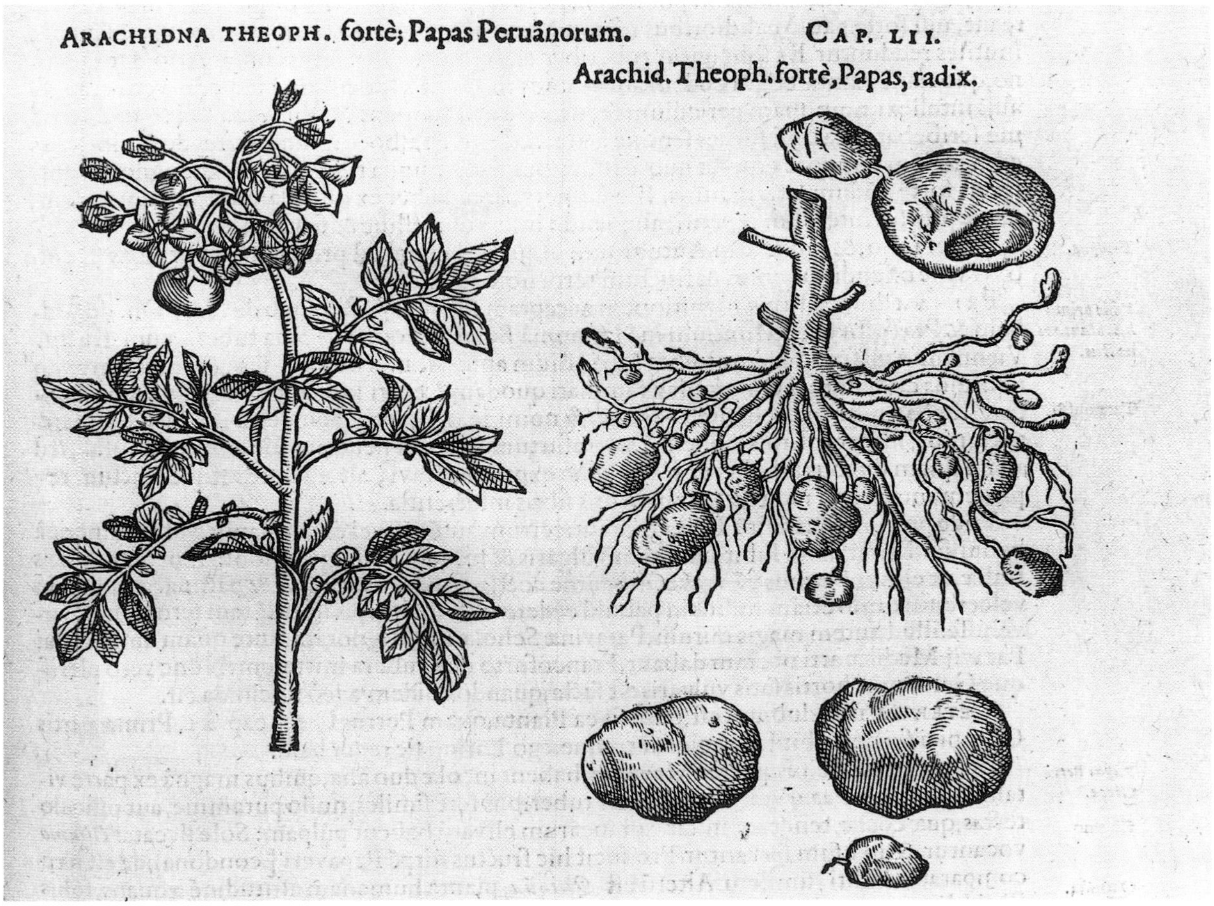

La pomme de terre était, jusqu'au milieu du XVIe siècle, inconnue en Europe. La plante est originaire d'Amérique du Sud. En 1588, elle aboutit, après un détour par l'Espagne, au jardin des plantes impériaux, à Vienne. De là, Charles de l'Escluse se chargea de sa diffusion. Au début, la pomme de terre était utilisée comme médicament. Cette illustration figure dans Carolus Clusius, *Rariorum plantarum historia liber*, Anvers, 1601.

est aujourd'hui considéré comme l'un des fondateurs de la botanique systématique.

Les savants de la Renaissance échangeaient souvent une correspondance suivie. Dodoens correspondait notamment avec Charles de l'Escluse (*Carolus Clusius* en latin), d'Arras, une sorte d'encyclopédie vivante. Perpétuellement en voyage, cet érudit connaissait comme personne les plantes de France, du Portugal, d'Espagne, des Pays-Bas et même de Hongrie. En 1573, on lui confia la direction des jardins impériaux de Vienne. Là, il put étudier des plantes rapportées de pays lointains. Dans ses œuvres et dans ses traductions d'ouvrages de botanique, il commente des plantes venues de territoires récemment découverts (Amérique, Afrique, Asie), comme l'arachide, le gingembre, l'ananas, le tournesol, le tamarinier et le datura.

En 1574, il fit connaissance, à Vienne, avec le caféier.

Il joua également un rôle important dans la diffusion de la pomme de terre, alors appelée « taratoufli ».

Le 26 janvier 1588, il entra en effet en possession de deux spécimens qui avaient été envoyés à la Cour de Vienne par l'aristocrate Philippe de Sivry. Sivry se les était procurés par l'entremise du légat pontifical, Bonomi, qui utilisait ces tubercules comme fortifiants et les avait reçus d'un monastère de Séville. Carolus Clusius contribua également à répandre la scorsonère, le platane, le haricot, la fritillaire, les anémones et les renoncules.

Après sa période viennoise, il s'établit à Francfort. Dans sa *Rariorum plantarum historia*, il décrit les nombreuses plantes rencontrées lors de ses voyages d'herborisation, tant à l'état sauvage que dans les jardins. Cet imposant volume fut imprimé en 1601 sur les presses de Jan Moretus, le successeur de l'officine Plantin à Anvers.

Il contenait plus de 1120 gravures sur bois. En 1593, le célèbre Juste Lipse (1547-1606) incita Clusius, qui passait pour l'homme le plus instruit de son époque, à venir s'établir à Leyde, où il reçut une chaire dans la toute jeune université de la ville. Les tulipes qu'il introduisit au jardin des plantes sont à la base de l'industrie hollandaise du bulbe.

Le troisième géant flamand dans le domaine de la botanique est Matthias de l'Obel, ou Lobelius. Tout comme ses deux prédécesseurs, il était médecin et avait engrangé ses connaissances dans plusieurs universités.

Après de nombreux voyages, il s'établit en Angleterre. Dans ses livres, il développa un système de classification qui le rendit célèbre. Il identifia différents groupes de plantes, établissant notamment une nette distinction entre monocotylédones et dicotylédones. En 1581, il devint médecin personnel de Guillaume d'Orange (1533-1584). Plus tard, il exerça également à Anvers et Middelbourg.
En 1602, il repartit pour l'Angleterre, où il géra le jardin royal de Hackney.
Il n'est certainement pas le moins connu du trio de botanistes flamands du XVIe siècle. Chaque été, en effet, une petite fleur annuelle bleue baptisée « lobelia » d'après le savant honore celui-ci par sa généreuse floraison.

Cruydt-Boeck oft Beschrijvinghe van allerleye ghewassen, kruyderen, hesteren en gheboomten. Ce livre de Matthias de l'Obel (en latin Lobelius) a été publié en 1581 par le célèbre imprimeur anversois Christoffel Plantijn. Cet érudit était alors médecin personnel du prince d'Orange, qui serait assassiné en 1584.

LES JARDINS DES PLUS FORTUNÉS ENTRETIENNENT L'INTÉRÊT POUR LES FLEURS ET LES PLANTES

L'horticulture jouissait chez les archiducs Albert (1559-1621) et Isabelle (1566-1633) d'une haute considération. Non contents de faire importer aux Pays-Bas méridionaux une série de plantes inconnues originaires d'Espagne, ceux-ci consacrèrent un soin particulier à la décoration de leur palais bruxellois
et aux jardins qui l'entouraient. L'archiduchesse chérissait particulièrement sa collection d'orangers, à tel point que ces arbustes reçurent bientôt le surnom d'« Isabelles ».
Les princes d'Arenberg possédaient à Enghien un jardin Renaissance particulièrement intéressant.
Entre 1636 et 1660, cinq jardins clos furent créés dans le parc du château et ornés de plantes nombreuses et remarquables. Un temple d'Hercule fut construit en son point le plus élevé. Ce pavillon, qui a la forme d'une étoile, existe toujours.
À Anvers, Pierre Paul Rubens fit aménager un très beau jardin de ville, rehaussé de centaines de fleurs.
Ce lieu a été restauré à l'occasion d'« Antwerpen 93 ». Le jardin qu'Antoine Triest (évêque à Gand de 1622 à 1657) fit installer à Ekkergem n'était pas moins remarquable. Cette résidence d'été se trouvait au milieu des champs et des terres situées en contrebas des remparts de la ville. En raison de sa vue unique, il fut baptisé Belvédère. L'évêque allait s'y reposer en profitant des plaisirs d'un jardin paradisiaque. Il y cultivait aussi de nombreuses plantes rares dans les 64 parcelles que comptait le domaine. Le nom de cet évêque est souvent associé à la naissance de la confrérie de Sainte-Dorothée, fondée à Gand en 1648, qui regroupait jardiniers et amateurs de plantes. Les confréries étaient à l'époque des associations assez religieuses, qui ne manquaient jamais de rappeler leurs membres à leurs obligations dans le domaine. Chaque année le 6 février, jour de la Sainte-Dorothée, une messe était célébrée dans l'église Saint-Michel de Gand. À cette occasion, la statue de la sainte était ornée de fleurs et de plantes à bulbe forcées. Des confréries analogues existaient aussi à Bruxelles et à Bruges. Celle de Bruges fut créée le 5 février 1651 par douze amateurs de la ville. Elle s'enorgueillit, comme son homologue gantoise, d'une riche histoire. Toutefois, aucune de ces confréries ne peut être considérée comme l'ancêtre directe des Floralies gantoises.

ORANGERIES ET TULIPES À PRIX D'OR

Au XVIIe siècle, les plantes méditerranéennes connurent une vogue particulière aux Pays-Bas. Aristocrates et riches bourgeois construisaient près de leurs châteaux et propriétés des « orangeries », c'est-à-dire des lieux fermés et à l'abri du gel, pourvus de fenêtres. Pendant l'hiver, ces endroits étaient chauffés par des poêles. Les plantes méditerranéennes pouvaient donc y séjourner sans problèmes. En 1676, Joan Commelyn, de Hollande, publia les *Nederlantze Hesperides, of dat is de oeffening en gebruik van de limoen- en oranjebomen* (« Hespérides néerlandaises, ou exercice et usage des citronniers et orangers »). Peu après, le chanoine anversois Frans Van Sterbeeck (1630-1693) édita dans les Pays-Bas espagnols un ouvrage intitulé *Citricultura ofte regeringhe der uythemsche boomen, Oranien, Citroenen, Limoenen, Granaten, Laurieren en andere* (« Citriculture, ou culture des arbres exotiques, oranges, citrons, limons, grenades et lauriers et autres»), dans lequel il cite Willem de Blasere, échevin de Gand, qui avait bâti une serre dans son château de Hellebuys, près d'Afsnee. Ce fut semble-t-il la première serre couverte et chauffée de nos régions. Faite de bois et de verre, elle était chauffée par deux poêles. Elle comportait des fenêtres d'aération et mesurait environ 100 pieds.
Au XVIIe siècle, les Pays-Bas septentrionaux connurent leur Siècle d'Or. L'intérêt pour les plantes, déjà très vif à l'origine, y fut encore renforcé par les nombreux contacts avec l'Inde et l'Extrême-Orient. Les universités de Leyde, de Groningue et le jardin botanique d'Amsterdam furent de véritables précurseurs en matière d'introduction de nouvelles plantes. De riches seigneurs y possédaient aussi des maisons de campagne avec des collections d'histoire naturelle et des jardins abritant toutes sortes de plantes. L'amour de l'horticulture était encouragé par de remarquables publications, comme le catalogue d'Emmanuel Swerts (1631). Bien que publié en latin, celui-ci contribua à l'engouement presque excessif des Pays-Bas et de l'Allemagne pour la tulipe. Cette fleur, qui provenait d'Asie mineure, fut importée dans nos régions aux environs de 1560, notamment grâce au diplomate flamand Ogier de Busbecq (1522-1592). Au XVIIe siècle, on vit se développer en Flandre, en France et dans les Provinces-Unies une culture et un commerce étendus de la tulipe, qui

Vue intérieure d'une orangerie. Extrait de Johannes Commelinus, *Nederlantze Hesperides*, Amsterdam, 1676. L'une des premières orangeries connues fut construite par l'échevin gantois Willem de Blasere à Afsnee (fin du XVIe siècle).

Gravure de titre de l'ouvrage *Citricultura oft regeringhe der uythemsche boomen, te weten oranien, citroenen, limoenen, granaten, laurieren en andere*, Anvers, 1682. Cet ouvrage est l'œuvre du prêtre anversois Frans Van Sterbeeck, qui écrivit aussi le tout premier livre sur les champignons des Pays-Bas.

TULIPA XII.

64.

A.L.Wirsing Sc. et excud. Norimberg 1768.

débouchèrent entre 1634 et 1637 sur une impensable « chasse » lors de laquelle on paya des sommes fabuleuses pour des bulbes rares. Ce marché s'effondra toutefois en 1637, non sans avoir fait de nombreuses victimes.

LES POTAGERS DE MONSIEUR TOUT LE MONDE

La plupart des jardins anciens qui sont restés dans l'histoire étaient des jardins d'agrément. L'aristocratie, seigneurs et nobles dames, pouvaient s'y promener, s'y prélasser, y flirter et y parader. Mais à côté de cela, il y avait, aux alentours de chaque château, ainsi qu'à l'intérieur ou à l'extérieur des murs des villes, des potagers où de simples jardiniers cultivaient les légumes qu'ils vendaient en ville les jours de marché. On y bêchait et semait avec zèle. Femmes et enfants étaient embauchés pour désherber et récolter.

Un grand nombre de potagers étaient ainsi installés au nord-est de Gand, à l'intérieur des murs, répartis entre le couvent de la Bijloke, l'église d'Ekkergem, l'enceinte de la ville et la Lys. Depuis l'abbaye Saint-Pierre, de l'autre côté de la rivière, on avait un large panorama de ces étendues basses et fertiles. Beaucoup de jardiniers étaient membres de la confrérie de cette abbaye, créée en 1669 par un moine nommé H.I.B. Reyntkens. Etait-ce un pendant de la confrérie Sainte-Dorothée ou les jardiniers étaient-ils assez nombreux pour faire vivre deux sociétés? Une chose est sûre, le même Reyntkens écrivit, en 1675, un traité sur la culture des fleurs et des arbustes décoratifs. Le premier volume, intitulé *Den sorghvuldighen hovenier ende de oprechte practycke, ende gront vande wetenschap om blommen te zaeyen, planten ende gouverneren naer de konste van hofbauwinghe* (« Le jardinier soigneux et la pratique honnête, ou bases de la science consistant à semer, planter et cultiver les fleurs selon les règles de l'art des jardins ») fut imprimé en 1676 chez le célèbre imprimeur Boudewijn Manilius, à Gand. Le second, intitulé *Het tweede boek, ghenaemt de nieuwe practycke om alle boomen te zaeyen ende te gouverneren naer eysch vande Conste vande Agriculture* (« Le second livre, nommé nouvelle pratique pour semer et de cultiver tous les arbres suivant les exigences de l'art de l'agriculture ») parut la même année et dans la même ville, mais chez Hendrick Saetreuver. Les livres de Reyntkens permettent de savoir exactement quelles plantes étaient cultivées dans la région gantoise: « tulipes, narcisses, jonquilles, hyacinthes, anémones, renoncules, colchiques, crocus, fritillaires, cyclamens, iris, pivoines, oeillets, oreilles d'ours, hépatiques, lobelias rouges, giroflées de jardin, viola matrionalis, roses françaises, primevères, amarantes, violettes africaines, tournesols, aquilées, pieds d'alouette, gueules-de-loup, marguerites, lys de la vallée ». Dans son second livre, le moine s'intéresse aux arbres, aux plantes méditerranéennes et aux plantes rares comme les « cannas, orangers, citronniers, grenadiers, lauriers, figuiers, seringuas, poivriers, groseilliers, etc. » et à la manière dont ils étaient cultivés et conservés durant l'hiver. Conformément à l'esprit du temps, il s'attardait en détail à la façon de semer les tulipes, au vent, à la phase de la lune et au type de sol qui convenaient le mieux à celles-ci.

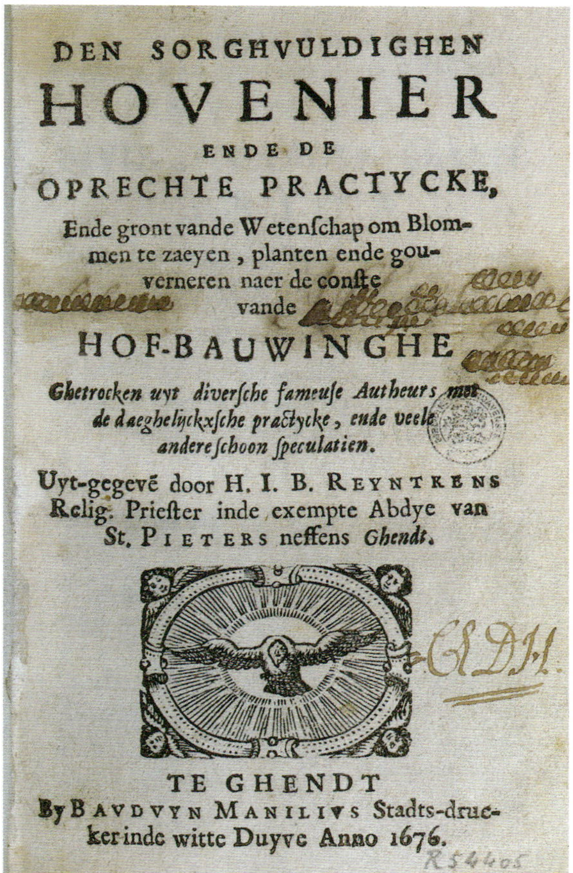
DEN SORGHVULDIGHEN
HOVENIER
ENDE DE
OPRECHTE PRACTYCKE,
Ende gront vande Wetenſchap om Blommen te zaeyen, planten ende gouverneren naer de conſte vande
HOF-BAUWINGHE
Ghetrocken uyt diverſche fameuſe Autheurs met de daeghelyckxſche practycke, ende veele andere ſchoon ſpeculatien.
Uyt-gegevē door H. I. B. Reyntkens Relig. Prieſter inde exempte Abdye van St. Pieters neffens Ghendt.
TE GHENDT
By Bavdvyn Manilivs Stadts-drucker inde witte Duyve Anno 1676.

{à gauche} La tulipe L'Agréable, tirée de Christoph Jacob Trew, *Hortus nitidissimus*, Nuremberg, 1768, planche 48. Au XVIIe siècle, celui de la tulipomanie, cette plante était particulièrement prisée dans la décoration des jardins et les arrangements floraux. Pour certains bulbes, on allait jusqu'à payer la valeur d'une maison.

{si dessus} Page de titre de *Den Sorghvuldighen Hovenier*, édité en 1676 par H.I.B. Reyntkens, jardinier et moine de l'abbaye Saint-Pierre de Gand. Grâce à ce livre, Reyntkens offrait une formation pratique à l'homme ordinaire qui souhaitait s'adonner à la culture des fleurs et des plantes.

Laurier, tiré de *Citricultura*, de Frans Van Sterbeeck, qui se consacra à l'étude des plantes et passa un temps considérable à explorer la botanique des environs d'Anvers. Dans son ouvrage, il donne aussi un aperçu des plus célèbres botanistes amateurs du Brabant.

LE PREMIER MARCHÉ AUX FLEURS

Les jardiniers gantois suivirent les indications de Reyntkens à la lettre et obtinrent des résultats méritoires. On le voit entre autres aux nombreuses ventes publiques de bulbes (en particulier de tulipes) et d'autres fleurs et plantes qui eurent lieu à Gand à partir de la fin du XVIIe siècle. En 1697, une vente de tulipes fut organisée à la Bijloke. La *Gazette van Gendt* de 1742, 1745 et 1749 contient des annonces concernant des ventres publiques d'anémones, de hyacinthes, de tulipes et de renoncules « pleines de style et aux couleurs éclatantes ». La première vente importante se déroula le 11 mai 1769. « Nous faisons savoir, à la demande de Nicolaus Lefeber, peintre, habitant derrière les chartreuses dans le Berouw, que celui-ci vendra, le mardi 18 mai, à deux heures, un bel assortiment de fleurs, comme des nouvelles renoncules, des anémones, des tulipes, des lauriers, ainsi qu'un petit lot de diverses peintures », lit-on dans le journal en question.

C'est dans cet esprit d'horticulture encore élémentaire, mais avec beaucoup d'enthousiasme que par un beau dimanche de juin 1722, le jardinier Toontje Verstuyft installa pour la première fois sur le marché aux oiseaux du *Kouter* un étal garni de six pots de balsamines achetés à un certain Tieste Borluut et de quelques marguerites. Satisfait de son résultat, il se représenta au marché le dimanche suivant. Ses modestes succès commerciaux n'échappèrent pas à l'attention des autres jardiniers, si bien qu'il ne fallut pas longtemps avant que le *Kouter* gantois ne se transforme en un chatoyant marché aux fleurs. La vente y avait un caractère strictement local, mais attirait au marché dominical les bourgeois gantois, les propriétaires de jardinets et les riches amateurs. La tradition s'est maintenue jusqu'aujourd'hui puisque le promeneur dominical peut encore trouver à cet endroit un choix unique de plantes et de fleurs.

LA MÉTHODE ANGLAISE

Le caractère local de la vente de fleurs prit fin dans le dernier quart du XVIIIe siècle. Négociants, riches bourgeois, industriels et intellectuels louchaient à l'époque vers l'Angleterre, qui leur inspirait un mélange d'admiration et d'envie. Une révolution industrielle s'y était en effet produite dans le textile et l'industrie du charbon et du métal. La machine à vapeur assurait le transport rapide de ces produits. Dans le domaine scientifique, l'Angleterre avait également une génération d'avance.
La *Royal Society* ne cessait de prendre de nouvelles initiatives. Pour exemple de la bravoure scientifique de l'époque, on peut mentionner les grands voyages que James Cook (1728-1779) entreprit entre 1768 et 1779 vers le Pacifique et les côtes australiennes et néo-zélandaises. Ces expéditions comptaient notamment des botanistes et des dessinateurs chargés de consigner avec soin chaque nouvelle trouvaille. Lorsque ces régions furent identifiées et plus ou plus cartographiées, des

colons s'y rendirent dans l'espoir d'y trouver une vie meilleure. C'est aussi le moment où les entreprises commerciales se mirent à lancer des expéditions de « chasseurs de plantes ». Envoyés par les entreprises horticoles, ceux-ci devaient envoyer à la métropole le plus grand nombre possible de plantes exotiques. Les plantes nouvelles, inconnues en Angleterre, étaient particulièrement prisées; rapidement commercialisées, elles atteignaient parfois des prix exorbitants.
Un jardinier gantois, Judocus Huyttens, étudia la méthode anglaise. Il se rendit en voyage d'études dans ce pays et en revint avec un chargement de rhododendrons, d'azalées et de fuchsias. Inutile de dire qu'à Gand, il vendit ces plantes à un bon prix. La demande des amateurs en matière de nouvelles variétés était si grande que son commerce remporta un succès inespéré.

Amaryllis bresiliensis, de Pierre-Joseph Redouté, *Choix des plus belles fleurs et des plus beaux fruits*, Paris, 1833. Né dans l'Ardenne belge, Redouté était, vers 1800, le plus célèbre illustrateur de livres botaniques. Joséphine de Beauharnais, épouse de Napoléon, fit appel à lui pour reproduire les plantes du jardin de Malmaison (près de Paris).

GAND REÇOIT UN JARDIN BOTANIQUE

L'intérêt pour les plantes et les fleurs se reflète aussi dans la fondation d'un Jardin des plantes à Gand. Comme bien d'autres jardins européens, celui-ci naquit de l'esprit de la Révolution française. Lorsque Gand fut devenue, après incorporation officielle de nos communes dans la nouvelle république française, capitale du département de l'Escaut, le 1er octobre 1795, l'enseignement subit une profonde réforme. Dans les nouvelles « écoles centrales », l'accent était mis sur une méthode liant indissociablement enseignement et expérimentation. Un jardin dans lequel les plantes et les herbes pouvaient être étudiées, notamment dans le cadre d'une formation à l'obstétrique, était considéré comme une absolue nécessité.
Le savant éclairé, amateur de plantes et bibliophile Charles van Hulthem (1764-1832) et le médecin Bernard Coppens (1756-1801) furent appelés à la rescousse pour donner corps à un enseignement fidèle à l'esprit de la Révolution française. Ils jetèrent leur dévolu sur les bâtiments vides de l'abbaye Baudelo, au centre de Gand, à côté de l'église Saint-Jacques. Les pièces étaient spacieuses et l'abbaye comprenait un jardin s'étendant de l'*Ottogracht* à la Lys. Dans la chapelle, il y avait assez de place pour installer une bibliothèque. Le jardin et l'école entrèrent en fonction en 1797, avec Van Hulthem comme bibliothécaire et le docteur Coppens comme professeur de botanique. Les premières plantes de cet *Hortus Gandavensis* furent celles qui se trouvaient au départ dans le jardin des moines, auxquelles s'ajouta un chargement de bulbes venant du jardin de l'abbaye d'Ename, près d'Audenaerde. Comme le budget de fonctionnement était très limité, on fit appel aux dons. De nombreux amateurs offrirent des espèces intéressantes. Un grand buis (*Buxus sempervirens*) fut amené du *Kuipgat*, barrage de la Lys situé au niveau du couvent des Capucins (remplacé plus tard par le tribunal). Nombre de jardins botaniques associés, comme celui du Muséum d'Histoire Naturelle de Paris, envoyèrent aussi des spécimens. Aidé par l'architecte de la ville, Jean-Baptist Pisson (1763-1818), le docteur Coppens se lança dans l'aménagement du jardin. Il y créa une partie systématique, où les plantes

Vue du *Hortus Gandavensis* en 1815. Ce jardin fut fondé en 1797 à des fins didactiques. Une orangerie et des serres y furent construites afin de permettre la survie d'espèces méditerranéennes et tropicales.

Vue du *Hortus Gandavensis* en 1815. Outre la partie arborée dans laquelle se trouvait la statue de la déesse Flora, une autre abritait des plantes classées selon la botanique systématique. À l'arrière-plan la chapelle (encore debout aujourd'hui) de l'abbaye de Baudelo à Gand.

étaient classées suivant le système du savant suédois Charles Linné, fondé sur les caractéristiques sexuelles. Au début du XIXe siècle, ce système serait toutefois contesté et remplacé par un système de parenté naturelle introduit par le botaniste français Bernard de Jussieu (1699-1777). Non loin de là, du côté de l'actuelle *Baudelostraat*, on trouvait les serres chaudes et, à partir de 1808, une orangerie. Plus tard, on y plaça des statues et des bustes de botanistes connus.
Jan Mussche (1765-1834) fut le premier jardinier en chef (*hortulanus*) chargé de la gestion pratique du jardin et des soins à prodiguer aux 2.000 espèces de plantes que celui-ci comportait déjà. Les catalogues qu'il rédigea informent sur l'évolution du jardin et du nombre de plantes. Dans son *Hortus Gandavensis, ou tableau général de toutes les plantes exotiques et indigènes, cultivées dans le jardin botanique de la ville de Gand*, le jardinier parle de 4.108 espèces appartenant à 470 familles. Ce jardin fut d'une extrême importance pour la naissance de l'horticulture gantoise. Il formait en effet le cadre scientifique qui permettrait son essor. C'est là que les riches industriels du textile, qui venaient régulièrement en promenade, développèrent le goût de posséder eux-mêmes, en orangerie ou en serre, des plantes rares et exotiques dont ils pouvaient se vanter. Il y venait aussi de simples jardiniers désireux d'apprendre à connaître les plantes et d'acquérir un petit bagage scientifique et pratique.
Le maître de lieux était d'ailleurs toujours prêt à donner un conseil. Pousses, boutures et semences faisaient l'objet d'échanges intensifs.

Vue depuis le pont de la Contribution sur le jardin d'agrément, avec gloriette, futur emplacement de l'auberge « Au Jardin de Frascati » à la fin du XVIIIe et au début du XIXe siècle. On trouvait, dans les environs de l'auberge, de nombreuses cultures maraîchères et entreprises horticoles.

LA NAISSANCE DE LA SOCIÉTÉ D'AGRICULTURE ET DE BOTANIQUE DE GAND, EN 1808

Outre la fondation de l'*Hortus Gandavensis*, un second événement important pour la naissance de l'horticulture gantoise se produisit en 1808 avec la fondation, à Gand, de la Société d'Agriculture et de Botanique. Deux versions des faits existent à ce sujet.

Un soir de l'automne 1808, quelques jardiniers se réunirent à l'auberge « Au Jardin de Frascati », à la Coupure. L'un d'eux étaient Frans Van Cassel. De retour d'Angleterre, il raconta aux autres ce qu'il avait vu de l'autre côté de la Manche. Il parla du trésor de nouvelles plantes qui y étaient cultivées par les entreprises horticoles et insista sur les expositions collectives. Cette formule, inventée par les jardiniers anglais mais inconnue à Gand, consistait à donner un aperçu des plantes cultivées à l'occasion d'une exposition commune. Le grand public était convié à ces événements pour faire connaissance avec les derniers produits et les plus beaux résultats d'une horticulture à l'époque encore limitée.

Selon l'autre version, de telles expositions étaient déjà organisées par la Société de jardinage de la ville de Bruges. Il est un fait qu'en 1807, les jardiniers de l'endroit avaient fondé une Société d'agriculture du département de la Lys, qui avait semble-t-il déjà organisé des manifestations de ce type.

Où qu'ils aient trouvé leur inspiration, les jardiniers gantois décidèrent, le 10 octobre 1808, de fonder une association chargée de stimuler l'horticulture et l'agriculture. Ils espéraient, grâce à l'organisation d'expositions, s'encourager les uns les autres et accroître l'intérêt général pour l'horticulture. Des contacts furent noués avec quelques riches connaisseurs et jardiniers amateurs, si bien que 34 participants soutinrent ce séduisant projet. Le 28 octobre 1808, les statuts furent déposés à l'administration communale. L'avocat L. Le Bègue, juge au tribunal de première instance et lui-même amateur notoire de fleurs, les avait traduits dans le langage juridique adapté. La ville les approuva peu après, si bien que, le 3 novembre 1808, la Société d'agriculture et de botanique de Gand, Département de l'Escaut, vit officiellement le jour. L'enthousiasme des fondateurs était grand et quelques mois plus tard à peine, du 6 au 9 février 1809, la première exposition de la nouvelle société prit place.

LES REVUES FAVORISENT LA CONNAISSANCE PRATIQUE DE LA BOTANIQUE

À côté de la vente de plantes sur le *Kouter*, du jardin botanique gantois et de la fondation de la Société d'Agriculture et de Botanique, la publication de revues abordables et illustrées sur les fleurs, les plantes et les jardins représenta un stimulant supplémentaire. Comme tant d'innovations propres à la période de la révolution industrielle, cette tendance venait d'Angleterre.
En 1787, le botaniste William Curtis (1746-1799) lança sa propre revue mensuelle, intitulée *The Botanical Magazine*. Cette publication était ornée d'illustrations en couleur. Elle existe encore, ce qui fait d'elle la plus ancienne publication de ce type. Diverses revues, ayant chacune leur spécificité, ne tardèrent pas à circuler en Angleterre. Certaines étaient pratiques et centrées sur la

Peinture représentant la pergola de l'auberge « Au Jardin de Frascati ». Les jardiniers des environs de la Coupure se réunissaient régulièrement dans cette auberge. C'est là que l'on décida, en 1808, de fonder une association qui encouragerait l'intérêt pour l'horticulture par le biais d'expositions.

principales de l'époque. La firme avait été fondée lors de la suppression du blocus continental, après la chute de Napoléon, lorsque l'on put à nouveau entretenir des contacts normaux avec l'Angleterre. Le premier envoi de l'entreprise anglaise Lee & Kennedy à cette firme consistait en quatre corbeilles contenant six *Kalmia latifolia*, six *Azalea pontica*, deux *Circaea palustris*, quatre *Rhodora canadensis*, six *Boronia pinnata*, quatre *Passerina grandiflora*, deux *Azalea calendulacea flammea* et quatre *Magnolia macrophylla*. Les premiers acheteurs ne se firent pas attendre. Alexander Verschaffelt (1801-1850), qui était établi à la *Coupure* comme jardinier, acheta le *Magnolia macrophylla* pour 400 francs, une somme faramineuse pour l'époque. Heureusement, l'arbre fleurit de 1818 à 1846 dans son avant-cour et donna une quantité de fruits et de semences. Un deuxième envoi de huit corbeilles contenait des pivoines, des roses et des camélias doubles, qui rapportèrent également des fortunes aux importateurs.

Lorsque les Gantois constatèrent qu'il y avait beaucoup d'argent à gagner avec l'horticulture et le commerce de fleurs, le nombre de professionnels augmenta en flèche. Grâce à l'intensification des importations de plantes nouvelles ou rares et à l'impression de catalogues, les fleuristes gantois touchaient aux alentours de 1825 une large clientèle européenne, en particulier dans l'aristocratie. Des plantes de Gand furent importées jusqu'en Russie. Sous le Royaume-Uni des Pays-Bas (1815-1830), les importations se faisaient notamment par le canal Gand-Terneuzen, inauguré en 1827. À partir de 1820, les industriels gantois, qui avaient eux aussi prospéré, cherchèrent des plantes pour orner leurs maisons, leurs jardins et leurs vérandas. Après la prise d'indépendance belge, il fallut un temps pour que l'économie retrouve un certain équilibre. L'aménagement du chemin de fer belge, en 1835, favorisa l'import-export de plantes à un rythme relativement soutenu. Des spécimens purent être envoyées dans les coins les plus reculés d'Europe.

{si dessus} Carte de visite de Joseph Baumann & Co. Baumann était vers 1850 l'un des horticulteurs les plus entreprenant de Gand. Sa firme était établie à la « Promenade verte ». Le fait que sa carte de visite soit rédigée en anglais trahit les contacts internationaux et l'importance de son entreprise. Pendant un certain temps, il édita sa propre revue. En 1854, il fonda une société de jardinage, la *Maatschappij voor Hovingbouw*.

{en haut à droite} Carte publicitaire du constructeur de serres gantois François Vande Cappelle-De Pretter. Lithographie de G. Jacqmain, Gand.

{en bas à droite} Le château du sénateur chevalier Heynderycx, Destelbergen, avec l'orangerie à l'extrême gauche.

FRS. VANDE CAPPELLE-DE PRETTER
Rue de la Caverne, N°30, à Gand,
Se recommande pour la confection de Serres en Fer en tous genres par mètre ou par kilogramme. – Les serres qu'il a déja confectionnées sont visibles chez MM. Verschaffelt, Fleuristes, rue de la Caverne et rue du Chaume, et chez Mr. Van Houte, hors la Porte de Bruxelles; ainsi que plusieurs à Bruxelles, Liége, Courtrai, Tournai et à Paris chez MM. les Barons Rotschild. Il se charge aussi du placement.

Les horticulteurs gantois encaissèrent pourtant quelques coups durs. En peu de temps, ils perdirent deux figures dont l'importance avait été essentielle pour leur branche. Charles van Hulthem, co-fondateur du jardin botanique, fervent bibliophile et mécène généreux, mourut en 1832. L'*hortulanus* du Jardin botanique, Jan Mussche, le suivit deux ans plus tard.

En 1837, la région gantoise comptait 120 horticulteurs possédant ensemble 230 serres. Son chiffre d'exportation s'élevait à 1.500.000 francs belges. Les principales entreprises étaient celles des frères Verleeuwen, de Verschaffelt senior, de Lanckman, de J. Van Damme, d'A. Verschaffelt junior, de J. Spae, de Laurent Hoste et de J.-B. De Saegher. De plus, une série d'amateurs possédait également des collections de plantes, notamment dans quelques gentilhommières des environs. La présence d'horticulteurs à Gand et alentour avait bien entendu un impact sur l'aspect de la ville. De nombreux espaces libres étaient occupés par des serres et des orangeries. Leurs activités stimulaient aussi les habitants qui, dès qu'ils le pouvaient, mettaient un point d'honneur à faire pousser des plantes aux fenêtres des cuisines et des salons. Un témoin visuel de l'époque (1827) raconta que le goût de la population gantoise pour la culture des fleurs était particulièrement vif. Même en janvier, février, quand la nature était morte et qu'un triste tapis de neige recouvrait les toits, on rencontrait dans chaque rue, à presque toutes les fenêtres, une petite exposition de plantes en pleine floraison.

Vue de l'entreprise d'Ambrosius Verschaffelt. Les Verschaffelt, Alexander, le père, et son Ambrosius, possédaient dans la première moitié du XIXe siècle l'une des pépinières les plus connues, à la Coupure, à Gand. Ils s'efforçaient d'offrir à leur clientèle un large assortiment de plantes.

L'ENTREPRISE VERSCHAFFELT

L'une des entreprises les plus novatrices était celle de la famille Verschaffelt. Pierre-Antoine Verschaffelt (1784-1844) fut un jardinier de la première heure. Il était présent en 1808 lors de la fondation de la Société d'Agriculture et de Botanique et prit part aux nombreuses activités et expositions de l'association. À plusieurs reprises, il se rendit en Angleterre pour y acheter des plantes. Son fils aîné, Alexander (1801-1850) fut, dès son jeune âge impliqué dans le travail de son père. À treize à peine, il savait déjà comment faire parler de lui. À l'occasion de la conférence de paix entre les États-Unis et l'Angleterre, en 1814, il créa une rose appelée « Congrès de Gand ». Il ouvrit sur les terres de l'ancienne abbaye de Waarschoot, entre la *Coupure* et la *Stoppelstraat*, sa propre affaire, dont il sut faire la principale entreprise horticole de Gand. Il se concentra sur la culture de nouvelles variétés, comme les azalées et les camélias. Pris d'une affection particulière pour les seconds, il se lança, avec l'aide de ses frères Jean et Louis, et de son fils Ambroise ou Ambrosius (1825-1886), dans l'édition d'une revue à leur sujet. La publication, intitulée *Nouvelle iconographie des camélias contenant les figures et la description des plus rares, des plus nouvelles et des plus belles variétés de ce genre,* comprendrait treize volumes, parus entre 1848 et 1860. Elle comptait au total 624 lithographies en couleur imprimées par le lithographe bruxellois G. Severeyns et son collègue gantois L. Stroobant. Après la mort d'Alexandre, en 1850, son fils Ambroise fit vivre l'entreprise avec ardeur et persévérance, adoptant lui aussi des méthodes connues depuis longtemps en Angleterre. Pour trouver de nouvelles plantes, il envoya par exemple des chasseurs de plantes, ou des *planthunters* comme on les appelait, en Amérique centrale et latine. Le botaniste François De Vos chercha des plantes pour lui dans les environs de l'île de Santa Catarina, au Brésil. Ghiesbrecht passa l'Amérique centrale au peigne fin. En septembre 1855, lors des festivités organisées par la ville pour le vingt-cinquième anniversaire de l'avènement de Léopold Ier (1790-1865), Ambroise Verschaffelt reçut celui-ci dans son entreprise. Le roi put y admirer des plantes de Nouvelle-Zélande, des palmiers, des centaines de camélias de plusieurs dizaines de variétés et des

Après la mort de son père Alexander en 1850, Ambrosius Verschaffelt (1825-1886) reprit l'entreprise familiale et lui donna un nouvel élan.

François De Vos, *planthunter* au service de la famille Verschaffelt, envoyea à Gand de nombreuses plantes encore inconnues d'Amérique latine.

orchidées envoyées par les *planthunters.* La visite royale fut suivie par celle de diverses célébrités, comtes et ducs de toutes sortes, consuls et ambassadeurs, eux aussi désireux d'honorer de leur passage cette célèbre entreprise. Ambrosius sut soigner ses relations et mettre ces visites à profit pour remplir son carnet de commandes. En 1858, il lança sa propre revue, *L'Illustration horticole. Journal spécial des serres et des jardins,* dont il confia la rédaction à Charles Lemaire (1800-1871), professeur émérite à l'université de Paris. Cette revue était en fait la continuation du *Jardin Fleuriste* (1851-1854). Après avoir, en 1869, dû céder son entreprise à Jean Linden (1813-1898) pour raisons de santé, il joua le rôle de conseiller auprès du roi Léopold II (1835-1909) lors de l'aménagement des parcs et jardins de Laeken et Tervuren.

UNE FLEUR DE CAMÉLIA À LA BOUTONNIÈRE

Verschaffelt devait avant tout sa célébrité à ses riches collections de camélias. La variété appelée *Camellia* appartient à la famille des théacées et comprend 82 sortes d'arbustes, pour la plupart vivaces et à feuillage persistant. Le camélia est mentionné dès le IIIe siècle en Chine, où l'on en cultivait de nombreuses variétés.
On le trouve aussi au Japon. Au XVIIe siècle, il était connu au Portugal et, en 1739, on le trouve en Angleterre, où il est directement importé de Chine. Jusqu'au début du XIXe siècle, c'est d'ailleurs l'Angleterre qui reste le principal exportateur de camélias vers le continent. La plante était alors rare et très appréciée des amateurs. En 1808, les deux navires qui furent autorisés par Napoléon à traverser le blocus continental étaient en bonne partie chargés de camélias. Une grande part de ce chargement alla directement à Malmaison, où l'épouse de Napoléon, Joséphine de Beauharnais (1763-1814), avait aménagé un splendide jardin.
Par le biais de contrebande et d'achats, les fleuristes gantois purent également se procurer des plants de camélias. En greffant de belles variétés sur une souche sauvage, ils réussirent ensuite à multiplier ceux-ci à grande vitesse afin de conquérir le marché international. Si la famille Verschaffelt joua indéniablement un rôle de précurseur, elle n'était pas la seule à s'intéresser à cette plante.
Dans la première moitié du XIXe siècle, le camélia devint même pour les cultivateurs gantois la plante commerciale par excellence. En 1836, 6.000 camélias gantois furent chargés à bord d'un navire. Lorsque le connaisseur et auteur Laurent Berlèse vint à Gand pour se documenter, à la même époque, il y trouva quelque 206 serres dédiées à cette plante ainsi qu'une soixantaine dans les environs immédiats. Le tout valait, selon son estimation, 1.300.000 francs. Ambrosius Verschaffelt (1825-1886) fit plusieurs voyages en Angleterre pour élargir sa collection. Il se tint également au courant des nouvelles variétés cultivées en Italie, où l'arbuste pouvait facilement hiverner à l'extérieur. Verschaffelt fit en sorte de pouvoir aussi vite que possible offrir à sa nombreuse clientèle des variétés en provenance de ce pays.
Jusque tard dans la seconde moitié du XIXe siècle, le camélia resta la fleur préférée de beaucoup; jamais il ne manquait sur le corsage des dames ou à la boutonnière des messieurs.

{à droite} *Camellia japonica.* « Madame Ambroise Verschaffelt ». Tant l'entreprise Verschaffelt, de Gand, que celle de Louis Van Houtte commercialisèrent de nombreuses nouvelles variétés de camélias. Extrait de : *Flores des Serres et des Jardins d'Europe*, vol. XX, 1874, p. 111.

861.
Off. lith. & pict in Horto Van Houtteano.

Après ses expéditions au Brésil, Louis Van Houtte (1810-1876) chercha à relever un défi commercial. En 1839, il fonda une entreprise modèle à Gentbrugge. Extrait de la Revue de l'Horticulture Belge et Étrangère, II, 1876, p. 125.

LOUIS VAN HOUTTE DONNE À L'HORTICULTURE GANTOISE SES LETTRES DE NOBLESSE

Les grandes entreprises comme Verschaffelt, Van Houtte, Van Geert, Verleeuwen, De Saegher, Lanckman et Baumann sont les plus connues, mais elles formaient plutôt l'exception que la règle dans la région gantoise. Vers 1840, il existait énormément de petites entreprises, possédant une ou deux serres encore chauffées de manière très primitive. On y cultivait un assortiment limité de plantes, que l'on amenait ensuite au marché ou que l'on vendait à des horticulteurs plus réputés. Ces petits jardiniers n'avaient bénéficié d'aucun enseignement spécialisé, ne connaissaient pas l'anglais et n'étaient pas assez riches pour aller en Angleterre s'approvisionner en nouvelles variétés.

Lorsqu'elle put disposer d'une école spécialisée, l'horticulture gantoise fit un bond en avant. Vers 1850, le besoin d'une bonne formation en botanique, en techniques et en pratique de culture, en commerce et en langues étrangères se faisait cruellement ressentir. L'homme qui combla ce vide s'appelait Louis Van Houtte (1810-1876), que l'on considère à raison comme le père de l'horticulture gantoise.

Louis Van Houtte était originaire de Flandre occidentale. Il tenait sa vaste expérience dans le domaine de la botanique d'une expédition au Brésil en 1834. Pendant un temps, il fut directeur du Jardin botanique de Bruxelles, fondé en 1826. Son esprit indépendant et pratique cherchait toutefois à relever un défi commercial. Où pouvait-il mieux le trouver qu'en Angleterre, paradis de l'horticulture ouest-européenne? Pourtant, ces expériences dans ce pays furent de courte durée. Jusqu'ici, nous en ignorons encore la raison. Toujours est-il qu'en 1839, il s'installa avec son associé Adolf Papeleu (1811-1859) dans les environs immédiats de Gand. À Gentbrugge, juste en dehors de l'enceinte de la vile, ils louèrent à Alexander Verschaffelt un terrain d'un hectare et demi. L'accord de location était valable pour 32 ans, avec droit d'achat après ce terme. Trente ans plus tard, ces terrains étaient occupés par une des entreprises horticoles les plus belles, les plus impressionnantes et les plus renommées du pays. Elle comprenait cinquante serres, des centaines de châssis de couches froides, des bâtiments administratifs et même une imprimerie où l'on imprimait les textes et les lithographies destinées à un périodique appelé *Flore des Serres et Jardins de l'Europe* (1845-1883). Dans les numéros de cette revue, le lecteur trouvait non seulement les rapports des expéditions de Van Houtte au Brésil, mais aussi des informations sur les nouveautés horticoles disponibles dans l'entreprise de Gentbrugge. Le catalogue qu'il édita en 1839 reprenait 97 variétés d'*Azalea indica.* L'une de ses spécialités étaient les gesnériacées, auxquelles il apporta une série d'améliorations. La science lui a d'ailleurs rendu hommage en donnant à l'espèce principale de cette famille le nom d'« houttea ».

Van Houtte aimait aussi beaucoup les amaryllidacées et les liliacées. Chaque année, son entreprise produisait 150.000 tulipes et 250.000 hyacinthes. Au printemps, cela valait la peine de faire un détour par le *Dries*, à Gentbrugge, pour y admirer, dans leur splendeur multicolore, les vastes étendues de bulbes en fleurs.

Vue extérieure de l'entreprise de Louis Van Houtte, à Gentbrugge. Cette entreprise possédait non seulement une serre spéciale pour une plante aquatique rare venue de la région de l'Amazone, le Victoris regia, mais aussi une imprimerie propre et une école de jardinage.

La coupole basse de la serre du *Victoria regia*, que Van Houtte fit construire en 1851, gagna une renommée internationale. En effet, c'est là qu'il cultiva pour la première fois un nénuphar géant venu d'Amazonie et nommé d'après la reine Victoria d'Angleterre (1819-1901).
Tout comme l'entreprise des Verschaffelt, la pépinière fut visitée par une quantité de personnalités. Le 4 juillet 1844, Van Houtte reçut le roi Léopold Ier et la reine Louise-Marie (1812-1850). Dix ans plus tard, il ouvrit ses serres au roi du Portugal, Don Pedro, (1837-1861) et à son frère Don Luiz, duc de Porto. Ses mérites lui valurent d'être nommé chevalier de l'Ordre du Christ.
En 1849, Van Houtte lia à son entreprise une école de jardinage, qui fut à l'époque baptisée « La Fondation ».
Il en fut le directeur pendant vingt-cinq ans et y attira des botanistes connus pour donner les cours. En formant des techniciens expérimentés, dotés de connaissances théoriques et pratiques, il contribua fortement au développement de l'horticulture belge. Grâce à lui, une nouvelle génération jardiniers fit son entrée dans la seconde moitié du XIXe siècle. Ils étaient mieux formés du point de vue technique et nettement plus compétents, y compris pour nouer des contacts internationaux.
Ils étaient donc mieux préparés à affronter les défis d'une branche de plus en plus spécialisée.
L'école de jardinage prévoyait une formation professionnelle répondant aux besoins des jardiniers gantois.
Van Houtte mourut inopinément en 1876.
Le 17 août 1879, on lui érigea une statue à Gentbrugge.

PÉPINIÈRES À WETTEREN

Entre-temps, l'associé de Louis Van Houtte avait quitté l'entreprise. Les deux hommes avaient semble-t-il une vision divergente de l'évolution de l'entreprise. Lorsque leurs chemins se séparèrent, en 1845, ils s'accordèrent sur le fait qu'Adolf Papeleu s'occuperait désormais exclusivement d'arboriculture. Louis Van Houtte se limiterait quant à lui à la culture de fleurs et de plantes décoratives. Van Houtte resta dans l'entreprise de Gentbrugge, tandis que Papeleu s'établit, en 1847, sur le *Wetterse Boskant.* Cette séparation n'empêcha pas les deux hommes de faire des affaires ensemble. Papeleu s'orienta principalement vers le marché allemand. Il procura du travail à trente ouvriers, formés par des maîtres compagnons français. Après sa mort en 1859, N. Gaujard, un maître de Chateauroux, épousa sa veuve, Sophie Dervaes. Il dirigea l'entreprise jusqu'en 1874. Dans l'intervalle, de nombreux employés de Papeleu avaient aussi fondé leur propre pépinière. C'est ainsi que naquit la tradition des célèbres pépinières et roseraies de Wetteren. Aujourd'hui encore, cette région est, avec ses 176 entreprises et une surface cultivée de 955 ha, le principal centre flamand d'arboriculture.

Louis Van Houtte rehaussa considérablement le niveau de l'horticulture gantoise. En 1879, cet explorateur, cultivateur, éditeur, directeur d'école et bourgmestre méritant de Gentbrugge fut honoré par une statue qui se trouve aujourd'hui dans la rue qui porte son nom, à Gentbrugge.

L'AZALÉE VIVACE GANTOISE

Les azalées de jardin (nées de croisements entre le *Rhododendron molle* et le *Rhododendron japonicum*) appartiennent à la variété du même nom et à la famille des éricacées. On trouve dans cette catégorie une azalée ornementale très caractéristique, l'azalée vivace gantoise. Dès les prémisses de l'horticulture gantoise, au début du XIXe siècle, de nombreux rhododendrons furent vendus à des jardiniers, des courtiers ou des amateurs.
Les auberges « Au Jardin de Frascati », de Cornelius Lanckman, et « Goedleven », de Frans Delnoy, qui étaient situées à proximité l'une de l'autre, hébergeaient régulièrement des ventes de ce genre.
L'un des plus célèbres producteurs d'azalées de cette première période fut le boulanger et fleuriste P. Mortier (1768-1847), qui était établi à *Poortakker*, près du *Houtlei*, puis au *Prinsenhof.* En avançant ou en retardant

Diverses variétés d'azalées de jardin : *Azalea mortieriana.* Le boulanger et cultivateur gantois Pierre Mortier joua, dans la première moitié du XIXe siècle, un rôle essentiel dans la création de l'azalée vivace gantoise. Plus tard, beaucoup de ces azalées purent être vendues dans l'entreprise de Louis Van Houtte. Lithographie tirée des *Annales de la Société d'Agriculture et de Botanique*, 1846, p. 325.

la floraison de certaines plantes, il croisa quatre sortes d'azalées (*Azalea viscosa, Azalea nudiflora, Azalea pontica et Azalea calendulacea*) pour obtenir des variétés totalement neuves. Ces hybrides reçurent plus tard le nom d'*Azalea mortieriana*, ou azalée vivace gantoise. En 1834, Mortier vendit une série d'hybrides à Louis Verschaffelt, frère aîné d'Alexander, qui en vendit à son tour un assortiment à Louis Van Houtte. Van Houtte se lança lui-même dans les croisements et présenta en 1858 la première vivace gantoise double, la Van Houtte Flore Pleno, dont la fleur est rose saumon tachetée de jaune et très parfumée. Cette variété s'est ensuite perdue, mais a été retrouvée en 1998 par trois amateurs enthousiastes de l'*Emmets Garden*, dans le Kent.

Azalea indica « Haere Will's Pink Pearl ». Cette azalée fut créée par l'entreprise J. Haerens et H. Wille, à Zomergem, à partir de l'*Azalea indica* « Vervaeneana ». Extrait de la Revue de l'Horticulture Belge et Étrangère, XXXIX, 1913, p. 396.

Plus tard, à partir de 1870, Louis Van Houtte commercialisa aussi l'*Azalea mollis (Rhododendron japonicum)*, qui donnerait elle-même naissance à l'*Azalea rustica*, mise sur le marché par Charles Vuylsteke, de Lochristi. Vuylsteke présenta pour la première fois cette variété aux Floralies de 1888. Les Fénélon, Norma et Velasquez sont quelques-unes des variétés connues d'azalées qui, au printemps, nous enchantent par leur floraison délicatement parfumée et leurs couleurs éclatantes.

L'*AZALEA INDICA* DÉTRÔNE LE CAMÉLIA

En 1860, les jardiniers gantois disposent de 600 serres. Les camélias constituent la base de leur production, mais ils cultivent aussi des rhododendrons et l'*Azalea indica* Dans les principales entreprises, on trouve aussi des plantes plus spécialisées comme les gesnériacées, l'amaryllis brésilienne, les agaves, les cactées, les echeverias, les bruyères et epacris, les palmiers et les lauriers. Ces produits étaient exportés vers les Pays-Bas, l'Angleterre, la France, la Russie, l'Allemagne et l'Italie. Pratiquement toutes les dynasties européennes venaient à Gand acheter des plantes pour leurs palais et leurs domaines. Les fleuristes gantois envoyaient leurs catalogues dans le monde occidental. Ils étaient également présents à toutes les expositions internationales et, bien entendu, à celles que la Société Royale d'Agriculture et de Botanique organisait dans leur ville, mais aussi à celles de Bruxelles (1864), Amsterdam (1865), Londres (1866), Paris (1867), Saint-Pétersbourg (1869), Vienne (1873) et Florence (1874). Ils ne cessaient de gagner des prix, dont on constate qu'ils concernaient de moins en moins les camélias mais de plus en plus souvent la nouvelle plante à la mode, l'*Azalea indica*. Bref, le camélia était détrôné par l'azalée.

L'*Azalea indica*, qui est achetée pendant les mois d'hiver pour garnir les intérieurs, appartient à la famille des rhododendrons. Son nom scientifique est *Rhododendron simsii.*

Cette plante était connue en Hollande dès le XVIIe siècle, mais a ensuite disparu. En 1690, le médecin allemand Engelbrecht Kaempfer (1651-1716) découvrit une espèce apparentée au Japon. Plus tard, cette plante fut baptisée

« indica » par Charles Linné (1707-1778) qui, s'appuyant sur les publications de ses prédécesseurs, crut qu'elle venait de Java, en Inde orientale.
En 1808, elle était cultivée en Angleterre. Peu après, elle fut ramenée en fleur de Kingston par James Vere. Vers 1815, l'*Azalea indica* était encore très rare. Chez nous, la firme liégeoise Jacob-Makoy se rendit célèbre dans la première moitié du XIXe siècle en en cultivant diverses variétés. À partir de 1830, on rencontre la plante dans de nombreuses expositions organisées par des associations d'amateurs et des sociétés de jardinage de Bruxelles, d'Anvers, de Louvain, de Liège et de Gand. À Gand, Alexander Verschaffelt, Louis Van Houtte et August Van Geert furent les principaux, vers 1850, à se consacrer à la reproduction de cette plante par semis. Domien Vervaene, du *Kleinen Dries*, à Lederberg, s'y adonna également. À l'exposition quinquennale de la Société royale, en 1857, il ne présenta pas moins de dix variétés, dont Gloire de Belgique, Étendard de Flandre, Le Géant, Rubens et Prince d'Orange. Au total, il en cultivait 67 variétés.
L'Académie d'horticulture de Gand, fondée en 1856 par Joseph Baumann comme alternative à la Société royale, suivit avec enthousiasme les résultats des divers horticulteurs. En 1860, ils organisèrent même un congrès spécialement consacré à l'*Azalea indica*, accompagné d'une exposition dans la salle de fête « Spiegelhove », à la *Nieuwe Wandeling*. Cette plante prit une telle importance qu'en 1881, August Van Geert fonda une revue mensuelle traitant exclusivement de cette azalée, *Iconographie des Azalées de l'Inde*. Cette revue, dont les lithographies en couleur étaient dessinées et imprimées par P. Stroobant, n'était pas promise à une longue vie puisqu'elle cessa de paraître dès 1882. En revanche, la culture de l'*Azalea indica* est restée jusqu'à nos jours une valeur sûre à Gand; citons, parmi les variétés dont les noms parlent le plus aux fleuristes et aux jardiniers,« Impératrice des Indes », *Azalea indica* « Madame X. Petrick », *Vervaeneana*, « De Scyveriana », « Mme Van der Cruyssen », « Pharaïlde-Mathilde » et « Princesse « Élisabeth».
Lors des Floralies, qui se déroulent tous les cinq ans, cette fleur occupe toujours une place d'honneur. L'*Azalea indica*, en particulier, est devenue l'une des plantes vedettes de cette manifestation.

Azalea indica « Impératrice des Indes ». Cette azalée, couronnée aux Floralies quinquennales de 1878, était le fruit des efforts du célèbre cultivateur d'azalées Ed. Vander Cruyssen. Extrait de la *Revue de l'Horticulture Belge et Étrangère*, 1879, p. 73.

Joseph Vervaene (1835-1914) était le fils de Domien, un producteur de bruyères. La variété obtenue par Joseph à partir de l'*Azalea indica* « Vervaeneana » remporta un succès mondial.

L'ESSOR DES FLEURS COUPÉES

La seconde moitié du XIXe siècle est également marquée par l'apparition de la culture de fleurs coupées. Ce fut en fait une conséquence directe de la crise qui toucha l'agriculture à partir de 1880. Suite à l'achat de céréales à bas prix en provenance des États-Unis et d'autres régions, les prix des produits agricoles plongèrent et les fermiers furent contraints de chercher de nouveaux moyens de subsistance.
La plupart se convertirent à l'élevage. Suite à une crise annexe affectant la culture du houblon, quelques paysans de Moorsel, près d'Alost, s'intéressèrent aux activités des jardiniers wetterenois. La culture de fleurs coupées leur apparaissait en effet comme une solution possible. Dans les villes flamandes, l'habitude d'utiliser des fleurs coupées en toute occasion s'imposait progressivement. Celles-ci pouvaient être rapidement transportées en train dans les différentes villes à partir de la campagne flamande. En 1875, la Belgique possédait, avec ses plus de 3.400 km de voie ferrée, le réseau le plus dense du monde! Les fleurs de Moorsel avaient pour marché principal la ville d'Ostende, qui devenait une cité balnéaire à la mode. La production de Moorsel se développa donc très rapidement. Vers 1950, il y avait 300 entreprises dans la région. Depuis 1970, cette production est confrontée de manière croissante à l'importation de fleurs depuis l'étranger. Il n'empêche qu'aujourd'hui encore, Alost et la *Faluintjesstreek* (Baardegem, Herdersem, Meldert, Moorsel) sont mondialement connues pour leurs fleurs coupées.

L'ORCHIDÉE, LA PLUS BELLE FLEUR DU MONDE

Depuis le XVIIIe siècle déjà, des orchidées tropicales étaient importées en Europe. Mais comme on ignorait les conditions de vie exactes de ces plantes épiphytes, elles mouraient rapidement. À partir de 1830, les institutions et entreprises horticoles anglaises envoyèrent régulièrement des chasseurs de plantes à la recherche d'orchidées dans les forêts d'Amérique latine et centrale.
En 1836, François Vandermaelen, de l'Établissement géographique de Bruxelles, lança une publication dans laquelle il avait l'intention de décrire les orchidées les plus rares et les plus typiques. Il se fonda pour cela sur les

Jean Linden, célèbre explorateur et spécialiste des orchidées, acheta, en 1869, l'entreprise d'Ambrosius Verschaffelt à la Coupure à Gand. Il joua un rôle important dans la création de la revue L'Illustration Horticole. Son fils Lucien poursuivit son œuvre. Extrait de L'*Illustration Horticole*, I, 1894, p. 109.

Jean Linden se fit surtout un nom grâce à sa collection d'orchidées et à ses publications à leur sujet. Page de titre d'un de ses principaux ouvrages, *Lindenia, Iconographie des Orchidées* (vol. 4, 6).

[à gauche] Dans la seconde moitié du XIXe siècle, la demande en fleurs coupées destinées aux bouquets et à la décoration s'accrut. Entre Alost et Bruxelles, plusieurs entreprises se spécialisèrent dans ce type de production. Le *Dianthus caryophyllus* fut à l'origine de nombreuses variétés d'œillets. Tiré de L'Illustration Horticole, 1888, planche LX.

spécimens qui lui avaient été envoyés par le géologue et botaniste Henri Guillaume Galleotti (1814-1858), qui explorait le Mexique pour son compte.
Jean Linden (1817-1898) était également chercheur. Pendant ses divers voyages au Brésil (1837), à Cuba, au Mexique (1838) et aux Grandes Antilles (1841), il étudia le biotope des plantes tropicales et des orchidées en particulier. Plus de 1.800 nouvelles plantes, parmi lesquelles de très nombreuses orchidées, furent envoyées chez nous par ses soins. À son retour, il fonda sa propre entreprise à Luxembourg. Les possibilités commerciales de cette ville étaient toutefois limitées. Suite à un heureux concours de circonstances, il put, en 1869, racheter l'entreprise d'Ambrosius Verschaffelt à Gand, dont il ne tarda pas à faire l'une des plus prestigieuse de la ville. Plein d'énergie, il ouvrit une filiale à Paris. En 1881, la pépinière fut rebaptisée SA Compagnie Continentale d'Horticulture. Il lança également une deuxième entreprise au parc Léopold de Bruxelles, la SA L'Horticulture Internationale.
À partir de 1887, Linden se concentra exclusivement sur ses favorites, les orchidées. Ses nombreuses découvertes sur cette variété débouchèrent sur le magistral *Lindenia. Iconographie des orchidées*, édité en dix-sept volumes entre 1885 et 1901, et rehaussé de 814 illustrations de grande qualité. Bien entendu, Linden ne fut pas le seul à fournir ce genre de prestations concernant les orchidées. Ambroise Verschaffelt était également un grand connaisseur de cette espèce. Entre 1846 et 1848, il envoya au Brésil un chasseur de plantes, François De Vos (1822), grâce à qui il espérait se procurer des exemplaires uniques.
Charles Vuylsteke (1844-1927) se montra lui aussi particulièrement dynamique. Vers 1870, il avait ouvert une entreprise horticole à Lochristi. Il se spécialisa dans la culture de l'azalée et l'hybridation des orchidées.

Cattleya trianae « Lind. Varietates ». Au XIXe, mais aussi au XXe siècle, les orchidées attirèrent de façon durable l'attention du public. Au début, elles étaient envoyées des forêts d'Amérique latine, plus tard d'Asie et du Congo. À partir du XIXe siècle, les cultivateurs se mirent à produire eux-mêmes des orchidées. Charles Vuylsteke, un horticulteur de Lochristi, apporta à cette entreprise une contribution essentielle. Extrait de Lindenia, *Iconographie des Orchidées*, XII, 1896, planche 530-531.

En 1904, il fut le premier au monde à cultiver l'*Odontioda*, ce qui était encore considéré comme pratiquement impossible. Peu avant la Première Guerre mondiale, il réussit même à croiser trois espèces d'orchidées au lieu de deux. Le résultat obtenu fut baptisé *Vuylstekeara*. En 1894, Henry Frederick Sander (1847-1920) un spécialiste de St. Albans, en Angleterre, fonda une entreprise d'orchidées à Sint-Andries, près de Bruges. Sander devint un concurrent important de l'entreprise de Linden.

LE BÉGONIA

En 1690, un franciscain du nom de Charles Plumier (1646-1704) découvrit quelques espèces de bégonias lors d'un voyage aux Antilles. Il apparut par la suite que ces fleurs poussaient dans toutes les parties du monde et pas seulement en Amérique centrale. Dans son ouvrage intitulé *Observations on the Genus Begonia*, paru en 1791, le botaniste Jonas Dryander (1748-1810) en mentionne déjà 21 sortes. À partir de 1830, les explorateurs ne cessèrent d'en ramener de nouveaux exemplaires, qui étaient ensuite croisés entre eux.
En 1854, le *Begonia verschaffeltii* regel arriva dans le commerce. Les entreprises de Verschaffelt, Louis Van Houtte et Jean Linden tentèrent toutes trois d'en commercialiser les plus belles variétés. En 1859, le catalogue de ce dernier mentionne déjà 69 hybrides.
L'importation du *Begonia rex Putz*, originaire de l'Himalaya, par Linden en 1856 provoqua une petite révolution dans le domaine des bégonias à feuillage. Cette variété gagna une grande popularité, avant d'être supplantée, plus tard, par le bégonia tubéreux.
Les variétés les plus intéressantes de cette seconde catégorie arrivèrent en Europe vers 1865-1870. Originaires des Andes, elles furent intensivement croisées par les entreprises Veitch, en Angleterre, Van Houtte, en Belgique et Lemoine, en France. À la fin du XIXe siècle, il y avait des bégonias à fleurs doubles, panachées, lignées et à bords frisés. Le bégonia tubéreux est devenue une spécialité typiquement gantoise. En 1938, le nombre de spécimens plantés atteignit les 35 millions. En 1939, il y avait 511 cultivateurs de bégonias dans la région gantoise prise au sens large, avec une forte concentration à Lochristi. Depuis lors, cette culture a fortement régressé. Vers 1970, on en comptait encore 250 ha, qui étaient tombés à 123 ha en 2003. Pourtant, les champs de bégonias sont encore indissociablement liés aux paysages de septembre, à l'est de Gand.
En 1880, le *Begonia socotrana* nous arriva d'Afrique de l'Est. On put en cultiver une espèce qui fleurissait pendant les mois d'hiver. Lorsque le cultivateur français V. Lemoine le croisa avec le bégonia *Begonia dregeii*, d'Afrique du sud, une nouvelle variété vit le jour.
Le « Gloire de Lorraine » est encore célèbre aujourd'hui pour sa magnifique floraison hivernale.
Le *Begonia semperflorens*, quant à lui, fleurit l'été et est utilisé comme plante de bordure. Connu depuis 1828, il a été redécouvert par la suite et commercialisé.

Nouvelles variétés de bégonias tubéreux. Des variétés intéressantes de cette plante parvinrent en Europe vers 1865. Les horticulteurs de la région de Lochristi, en particulier, se spécialisèrent dans cette culture. Extrait de L'*Illustration Horticole*, 1893, XL, pl. CLXXXVII.

PLANTES VERTES ET PALMIERS

Les principales entreprises horticoles belges offraient à leurs clients un large éventail de plantes. À la fin du XIXe siècle, elles commencèrent à être dépassées. L'assortiment de plantes connues était en effet devenu trop étendu. De plus, beaucoup avaient des exigences spécifiques. Une serre d'orchidées pouvait difficilement être combinée avec une culture de bégonias.

De nombreuses plantes tropicales et subtropicales étaient amenées de contrées lointaines et, très tôt, on vit apparaître à Gand des pépinières et des serres de grande taille abritant des espèces comme le *Dracaena* («Dr. Bruanti», *lineata, congesta, discolor*), le *Clivia*, la fougère, le croton, le laurier, l'*Aspidistra (elatior)*, le *Cycas* et le *Ficus elastica*. L'*Araucaria excelsa* devint une plante très demandée après que vers 1890, l'entreprise horticole des frères Smet, à Gand, en eurent importé des milliers de semences. L'*Anthurium scherzerianum*, découvert au milieu du XIXe siècle dans les forêts d'Amérique centrale, mérite une mention spéciale. L'*Anthurium andreanum* fut ramené chez nous par Édouard André (1840-1911). En 1875, cet horticulteur, voyageur et architecte de jardin français, se rendit en Amérique latine, d'où il ramena cette plante de la cordillère des Andes. Les palmiers étaient particulièrement appréciés, si bien que beaucoup de serres se remplirent de *Kentia forsteriana*, de *Phoenix canariensis* (importé en 1864 des Canaries), de *Cocos weddelliana* et de *Phoenix roebellini*.

En 1878, le Comte Oswald de Kerchove de Denterghem (1844-1906) écrivit même un ouvrage à leur sujet. Sobrement intitulé *Les Palmiers*, il est considéré comme l'un des meilleurs ouvrages de référence sur cette espèce végétale.

LE PHYLLOXÉRA À L'ORIGINE DE LA CRÉATION D'ASSOCIATIONS PROFESSIONNELLES.

In 1878, le chiffre d'affaires du secteur des jardins était compris entre 3.500.000 et 4.000.000 de francs belges. Pour l'horticulture gantoise, tout allait donc pour le mieux.

Anthurium andreanum « Wambekeanum ». Cette variété a été obtenue par l'amateur bruxellois Charles van Wambeke en croisant l'azalée *Anthurium andreanum*, importée par l'entreprise de Jean Linden, et *l'Anthurium scherzerianum*. Extrait de L'Illustration Horticole, 1892, planche CLXIII.

Dans la seconde moitié du XIXe siècle, la demande de plantes d'intérieur et autres plantes destinées à la décoration ne cessa de croître. Le *Dracaena bruanti* panaché « Souvenir François Buysse » fut créé pour y répondre. Extrait de la Revue de l'Horticulture Belge et Étrangère, XXXI, 1905, p. 228.

Pourtant, une menace se profilait à l'horizon sous la forme d'un minuscule insecte dont on n'avait encore jamais entendu parler. En France, les viticulteurs avaient en effet constaté que ce pou, donc le nom scientifique est le *Phylloxera vastatrix*, attaquait les vignes. Le *phylloxéra* pénétrait dans les pieds par les racines et détruisait la plante de l'intérieur. En quelques années, il pouvait transformer un vignoble florissant en une étendue désertique. Les mesures prophylactiques prises par les autorités se résumaient à interdire le transport et l'importation de pieds de vigne vivants. Mais au bout d'un temps, les scientifiques se demandèrent si ce parasite se propageait uniquement par les racines de la vigne. Dans le doute, les pays viticoles prirent des mesures draconiennes contre l'importation de plantes vivantes. Une convention réunie en hâte à Berne le 17 septembre 1878 estima que toutes les racines de plantes devaient être exclues de toute forme de transport, afin de maintenir à un taux aussi faible que possible la contagion par transport de végétaux. Pour l'horticulture gantoise, qui vivait de l'exportation, ce fut une véritable catastrophe. L'Italie fut la première à appliquer cette mesure d'interdiction. Le pays, qui constituait l'un des principaux marchés des entreprises gantoises, voulait à tout prix prévenir l'arrivée du redoutable parasite.

La menace du phylloxéra pouvait difficilement être ignorée. Les horticulteurs en tant que tels étaient en outre trop faibles pour faire entendre leur voix au niveau national. C'est pourquoi l'on fonda un *Comité der Gentse hofbouwers*. Celui-ci donna naissance, en 1880, à une association syndicale qui, en 1882, devint à son tour la Chambre syndicale de l'Horticulture Belge.»

L'association se concentra en premier lieu sur l'adoucissement des dispositions prises contre l'importation de plantes belges. Elle put ainsi obtenir, à force de diplomatie, que le marché européen reste accessible aux plantes gantoises. Celles-ci pouvaient être exportées vers l'Allemagne, l'Autriche, la Hongrie, la France, le Portugal, le Luxembourg et la Suisse à condition d'être accompagnées d'une certificat d'origine. L'Espagne et l'Italie continuèrent à s'y opposer. Heureusement, les États-Unis créèrent un nouveau marché. Les Américains, en effet, étaient fous d'azalées.

Le *Phylloxera vastatrix*, ce parasite de la vigne tant redouté par les horticulteurs, constitua à partir de la seconde moitié du XIXe siècle une menace quasi-permanente pour l'horticulture gantoise. Extrait de la *Revue de l'Horticulture Belge et Étrangère*, VI, 1880, p. 145.

L'HORTICULTURE AU TOURNANT DU SIÈCLE

Vers 1880, la Belgique comptait 1.200 horticulteurs, arboriculteurs, marchands de semences et architectes de jardin. Gand restait le principal centre horticole et la plupart des cultivateurs habitait en Flandre orientale.

En 1882, les revenus de l'exportation des plantes gantoises étaient estimés à sept millions de francs et le nombre de personnes travaillant dans le secteur s'élevait à 3.000. À Gand même, il y avait 135 marchands de fleurs, contre 49 à Liège, 32 à Bruges et 16 à Anvers. En 1888, le nombre de serres des 273 entreprises horticoles de l'agglomération gantoise était évalué à 2.000, tandis qu'en 1913, elles étaient au nombre de 13.000.

Comme la ville de Gand était en pleine urbanisation, le prix de terrains augmentait, ainsi que la pollution de l'air. Beaucoup de jardiniers choisirent donc de s'établir dans les campagnes des environs, dans des communes comme Melle, Merelbeke, Lochristi et Evergem.

L'entreprise que Jean Linden (1813-1898) acheta en 1869 à Ambrosius Verschaffelt deviendrait, après celle de Louis Van Houtte à Gentbrugge, l'une des firmes horticoles les plus célèbres de Belgique. Outre l'établissement de la Coupure à Gand, Linden possédait aussi une filiale à Paris et un complexe de serres à Bruxelles, qui tournait sous le nom de « Société Anonyme L'Horticulture Internationale ». La lithographie montre cette entreprise vue depuis le parc Léopold à Bruxelles. Extrait de L'*Illustration Horticole*, 1888, planche XLIV.

Vers 1900, la croissance de certaines industries fut même arrêtée dans la ville.

La production industrielle de plantes était devenue une nécessité. « Produire les plantes d'ornement aussi vite que possible et à un coût minimal, pour ensuite les commercialiser au moment où l'acheteur le souhaite »: voilà ce qu'était devenue la devise des horticulteurs au début du XXe siècle selon Charles Pynaert (1871-1936).

La méthode consistant à importer des grandes quantités de plantes tropicales et à les cultiver chez nous était définitivement révolue. Les horticulteurs gantois optèrent de plus en plus pour les cultures de masses, azalées, rhododendrons, camélias, plantes vertes ou bégonias. La culture des dracaenas (*Dracaena Bruanti, lineata, congesta* et *discolor*) devint la grande mode. La diversification se fit aussi dans la direction des broméliacées, fougères, crotons, lauriers et palmiers. Parmi ces derniers, le *Kentia forsteriana* et le *Phoenix canariensis*, connaissaient un succès particulier. Peu après, l'intérêt porté au *Cocos weddelliana*, au *Phoenix roebellini*, à l'*Aspidistra elatior* (importé du Japon en 1835) et au *Ficus elastica augmenta* considérablement. À partir de 1890, l'*Araucaria excelsa* prit également de l'importance dans le commerce.

Vers 1900, l'horticulture gantoise était véritablement florissante et les azalées demeuraient la grande favorite des cultures commerciales.

Malgré de continuelles limitations prophylactiques, émanant tantôt des États-Unis, tantôt de l'Allemagne ou d'autres pays encore, les exportations de plantes purent continuer à croître.

En 1912, un service phytopathologique fut créé afin d'armer l'horticulture belge contre les mesures protectionnistes et « anti-phylloxéra » exagérées. En 1913, il regroupait 1.212 entreprises horticoles belges, dont 1.013 en Flandre occidentale. Toutes furent inspectées et, en 1913, on exporta pour 14,26 millions de francs de plantes et de fleurs.

Entre 1889 et 1896, l'horticulture gantoise connut une régression. Mais vers 1900, elle récupéra sa bonne santé. À Gand, et en particulier dans les environs verts de la ville, de nombreux horticulteurs cultivaient des fleurs, tant en serre qu'à l'air libre. Lithographie de Florimond Van Acker.

DES HAUTS ET DES BAS PENDANT LA PÉRIODE DE L'ENTRE-DEUX-GUERRES

La Première Guerre mondiale fut une période noire pour l'horticulture gantoise. Beaucoup de serres furent détruites. En raison de la pénurie du charbon, bien des cultures durent être arrêtées. En théorie, les exportations restèrent longtemps possible vers des pays comme les Pays-Bas, la Scandinavie, l'Allemagne et l'Autriche. Mais après 1916, un nombre croissant de serres se vidèrent. Les légumes recevant la préférence, environ un tiers des jardiniers abandonna la culture florale aux alentours de 1918. Après la Première Guerre Mondiale, les horticulteurs gantois réussirent assez rapidement à retrouver de la rentabilité. À partir de 1924, des plantes vivantes purent être expédiées sans licence vers l'Allemagne et l'exportation connut un nouvel essor. En cette période de conjoncture favorable, les principaux pays destinataires étaient

Le secteur arboricole était également important. Au XXe siècle, une quantité croissante de produits de pépinières était destinée à l'exportation. Principalement situées dans la région wetterenoise, les entreprises arboricoles produisaient des roses et des arbres fruitiers, mais aussi de nombreuses espèces destinées aux plantations des forêts et des parcs et à l'aménagement de jardins, comme ce *Chamaecyparis boursieri (Pyramidalis alba nana)*. Extrait de la Revue de l'*Horticulture Belge et Étrangère*, IV, 1878, p. 281.

l'Allemagne, les Pays-Bas, l'Angleterre, la France, l'Espagne, l'Italie, la Pologne, le Canada et l'Argentine. Les exportations de plantes vivantes se chiffraient encore à 10,4 millions de francs en 1924 et à 15,2 millions en 1929.

Mais malgré tout, les plantes restaient un article de luxe ; la crise des années 1930 frappa donc le secteur de plein fouet. La plupart des entreprises étrangères achetaient surtout de jeunes plantes qu'elles menaient à maturité chez elles et ce, aussi bien pour les azalées que pour les bégonias. De plus, une série de pays limita officiellement ses importations. À la fin des années 1930, beaucoup d'entreprises horticoles étaient au bord de la faillite.

La Seconde Guerre mondiale fit donc pendre une épée de Damoclès sur le secteur. Tout comme pendant la Première Guerre, une série d'entreprises se convertit à la culture maraîchère. Pourtant, la situation n'était pas comparable aux conditions d'occupation de 1914-1918. Les autorités allemandes autorisèrent une activité limitée, qui permit aux fleuristes de garder leurs serres et équipements intacts. Pour les horticulteurs de Merelbeke, le 10 avril et le 10 mai 1944 sont en revanche restées des dates noires de l'histoire; les attaques aériennes américaines visant la gare firent plusieurs centaines de morts et des dizaines de pépinières furent rasées.

RENAISSANCE APRÈS LA SECONDE GUERRE MONDIALE

Après la Seconde Guerre mondiale, la Chambre syndicale joua un rôle important dans le rétablissement des contacts avec l'étranger. Avec l'aide de l'Office national des débouchés agricoles et horticoles du ministère de l'Agriculture, le secteur horticole put même élargir ses relations commerciales. À partir de 1956, en particulier, nombre d'initiatives furent prises pour favoriser les exportations de plantes. L'accent fut, plus que jamais, mis sur la qualité. En 1950, la Belgique exporta pour 206 millions de francs de plantes et, en 1965, ce montant atteignit un milliard de francs.

Vue de l'entreprise Hartmann, à Sint-Amandsberg (première moitié du XXe siècle). Remarquez la façon dont les plantes sont emballées pour être transportées sur des voitures à chevaux ou des camions.

En 1972, on fonda une Fédération des Horticulteurs et Pépiniéristes Belges. Cette association devint l'organe de coordination d'une série d'organismes professionnels comme la Fédération des Horticulteurs fondée en 1929, la Fédération des Pépiniéristes (1938), le Fédération des Producteurs de Fleurs Coupées, qui regroupait depuis 1929 70% des producteurs belges, et la Fédération des Entrepreneurs de Jardin.
La crise pétrolière de 1974 eut des conséquences néfastes sur l'horticulture. Fleuristes et cultivateurs virent leurs frais de chauffage augmenter en flèche. Pour leur venir en aide, le gouvernement élabora une série de mesures de subvention. L'horticulture put à nouveau respirer, si bien qu'en 1985, elle exporta pour cinq milliards de francs.

La culture du bégonia est une spécialité gantoise, pratiquée par des entreprises familiales. Malgré le grand soin accordé à la qualité du produit, elle a régressé à la fin du XXe siècle.

UN SECTEUR FLORISSANT

Dans le dernier quart du XXe siècle, l'horticulture est devenue un secteur florissant, principalement implanté en Flandre. Le secteur rapporte 400 millions d'euros à la région. Les cultures en plein air couvrent 994 ha, celles sous vitres 677 ha.

La valeur de production de l'azalée a triplé entre 1980 et 1992. Sur le plan technique, des résultats particulièrement brillants ont été obtenus grâce à l'échelonnement des floraisons et à la mécanisation. La France et l'Italie ont été les principaux importateurs, suivis des Pays-Bas et de l'Allemagne. La culture en serres a continué à se développer, tandis que la culture en plein air a régressé. Les 191 ha de cultures d'azalées à l'air libre, qui poussent plus lentement et donnent des variétés plus grandes, sont une culture presque exclusivement flamande et une spécialité de Flandre orientale. Les 209 ha de cultures en serres se trouvent également presque exclusivement dans cette province, le centre de cette activité se situant à Lochristi. En 2001, il y avait 230 producteurs d'azalées. Leur valeur de production atteignait les 58 millions d'euros en 2000.

Dans le secteur des plantes d'intérieur, les techniques de culture se sont adaptées aux exigences modernes, notamment grâce à des systèmes d'arrosage et d'amendement écologiques et à des programmes de désinfection.
Les facteurs climatiques à l'intérieur des serres, comme la chaleur, la lumière, le traitement du gaz carbonique et l'arrosage, sont informatisés et optimalisés. De plus, cette culture s'est diversifiée jusqu'à compter plus de 170 plantes différentes. Il s'est créé des entreprises spécialisées de multiplication, qui appliquent les techniques les plus modernes de culture in vitro, permettant d'obtenir des produits uniformes et sains. La culture de plantes d'intérieur est essentiellement une spécialité de Flandre orientale. La surface de serres destinée à cette spécialité s'élevait à 103 ha en 2003. Ces entreprises ont réalisé un chiffre d'affaires de 67 millions d'euros. Les espèces les plus typiques sont le lierre, le *Cordyline*, le clivia, l'hortensia, le *Spathiphyllum* ainsi que le *Howea*, ou *Kentia*. Parmi les plantes en pots, ce sont les chrysanthèmes qui ont la cote : ils occupent 37 ha sous verre et 415 ha à l'air libre. Dans ce cas, c'est la Flandre occidentale qui est la première productrice.

Le culture gantoise traditionnelle, celle des bégonias, est encore pratiquée dans des entreprises familiales, où l'on accorde le plus grand soin à la qualité du produit. Principalement implantée à Lochristi et dans les

La culture des roses, dans les environs de Wetteren, n'est qu'une des nombreuses spécialités horticoles de Flandre. En 2001, la région comptait encore 860 pépinières. Une bonne partie de cette production est destinée à la France.

environs, elle a toutefois fortement régressé. Elle compte aujourd'hui 123 ha et une centaine d'entreprises, contre 250 ha il y a trente ans. Malgré ce recul, 35 millions de tubercules y ont été cultivés en 2000, dont 95% destinés à l'exportation. Les principaux pays acheteurs sont les Pays-Bas, la France, l'Italie, le Royaume-Uni et les États-Unis.

Depuis 1992, l'arboriculture est devenue le pilier principal de l'horticulture belge, avec une valeur de production qui équivaut à près d'un tiers de la totalité du secteur. Les 860 pépinières de Flandre occupaient en 2001 une superficie totale de 3.799 ha, soit 85% de la superficie nationale. Environ 44% de cette surface est située en Flandre orientale. La culture d'arbres ornementaux occupe 64% de la surface, les arbres forestiers 21% et les arbres fruitiers 15%. Des 755 ha de culture d'arbres fruitiers que compte la Belgique, 569 sont situés en Flandre, dont 334 ha dans le Limbourg. Une grande partie des exportations sont destinées à la France. Plus de 950 entreprises étaient actives dans ce secteur à la fin du XXe siècle.

Traditionnellement, la région par excellence de la culture des fleurs coupées se situe entre Alost, Termonde et Bruxelles. En Flandre, 400 entreprises environ sont actives dans le domaine. La surface de fleurs coupées cultivées en plein air atteignait environ 95 ha vers 2000. Les serres, dans lesquelles les roses, les gerberas, les alstroemeria, les chrysanthèmes et les œillets remportent la palme, occupaient 101 ha répartis en 330 entreprises. La valeur de production de ces fleurs s'élevait en Flandre à 36 millions d'euros.

Ces centaines d'horticulteurs sont non seulement soutenus par leurs associations professionnelles, mais aussi par des centres de recherche spécialisés. Les départements « Production végétale-horticulture » et « Écologie appliquée et biologie de l'environnement-écologie végétale » de l'université de Gand, le *Sierplantenteelt* (Centre de recherche horticole) de Melle et le *Proefcentrum voor sierteelt* (Centre d'expérimentation horticole) de Destelbergen forment les pierres d'angle de cette recherche. Ces centres mènent des expériences sur la régulation de croissance et la floraison, la valeur utilitaire des plantes, les méthodes de culture écologiques, les améliorations génétiques et l'amendement des substrats.
Les services ministériels flamands, comme l'Administration des parcs et jardins et surtout le V.L.A.M. (Vlaamse Agro-Marketing) soutiennent les entreprises horticoles. Les autorités fédérales enfin, fournissent également des efforts pour accompagner par des structures adéquates un secteur en constante expansion.

{à droite} Chaque année au mois de septembre, le secteur du bégonia organise des tapis de fleurs géants, comme celui qui a recouvert la Grand-Place en 1988 ou le tapis de fleurs installé sur le *Kouter*, à Gand, en l'honneur de l'ouverture de l'année Charles Quint, en 1999.

[II. LES FLORALIES GANTOISES]

VERS LES PREMIÈRES EXPOSITIONS

Lorsque la Société d'Agriculture et de Botanique de Gand (la Société et plutard la Société Royale) fut fondée le 3 novembre 1808, personne ne prévoyait l'énorme impact que cette association exercerait sur l'évolution de l'horticulture, non seulement dans la région gantoise, mais dans la Belgique tout entière. Ses fondateurs étaient entrepreneurs de jardins, vendeurs de fleurs, jardiniers ou encore, simples particuliers. Jacques Vandewoestijne, gros propriétaire terrien et amateur notoire de fleurs, fut le premier président. Il possédait une maison de campagne à Melle, où il avait toutes les occasions d'exercer son hobby, la culture de plantes d'orangerie. C'est sous sa direction que les premières expositions de la Société furent organisées.
Les membres de la toute récente organisation avaient d'ailleurs fait noter dans les statuts qu'ils souhaitaient encourager le jardinage par des expositions annuelles. Chaque membre devait prendre part à ces manifestations avec de deux à six plantes en pot. Les spécimens exposés pouvaient être des fleurs, des plantes, des arbustes ou de petits arbres. Pour chaque édition de l'événement, on instaurait une commission spéciale de cinq membres qui était chargée de l'organisation. Les expositions se tenaient dans la salle de l'auberge « Au Jardin de Frascati », à la *Coupure*. Cornelis Lanckman, l'aubergiste, était aussi jardinier. Les modestes 48 m^2 de la salle d'exposition illustrent la petite échelle du projet initial.
Selon le règlement de 1810, il se tenait une réunion des membres chaque quatrième lundi du mois. Lors de ces rencontres, les résultats et expériences de culture des divers membres étaient commentés, on présentait les nouveautés en provenance d'Angleterre et les participants pouvaient consulter les revues botaniques de la bibliothèque de l'association. Les initiatives du Conseil d'administration étaient également discutées et approuvées.
À l'époque, deux expositions par an étaient prévues : une première dans les environs du 6 février, lors de laquelle on montrait notamment des plantes à floraison hâtive, et une seconde le 29 juin pour les floraisons d'été.
Les premières années, la cotisation s'élevait à dix francs (français) par an.

LES PREMIÈRES EXPOSITIONS AU « JARDIN DE FRASCATI », EN 1809

La première exposition fut un franc succès. L'auberge « Au Jardin de Frascati » offrit un spectacle féerique. Pratiquement toutes les plantes exposées étaient rares et remarquables parce que fleurissant pendant la période d'hiver. La salle était, à en croire une reconstitution, accessible par un petit escalier. Les tables étaient placées juste en face de l'entrée. Une cinquantaine de plantes différentes y étaient disposées autour du buste du buste Napoléon et du drapeau français. Directement à gauche de l'entrée, on trouvait les tables de l'auberge et, au fond, le comptoir. Les visiteurs pouvaient admirer les plantes exposées tout en savourant un verre de bière et en échangeant leurs expériences et tentatives en matières de jardinage. Des prix étaient prévus pour les plus belles réussites. Une *Erica triflora remporta* la médaille de l'encouragement, tandis qu'un *Camellia japonica flore rubro* et un *Cyclamen persicum* reçurent une mention d'honneur. On avait aussi prévu un prix pour une *Rosa muscosa* forcée, mais aucune rose de ce type ne fut exposée. Le 11 février, les fleurs présentées furent mises en vente publique, ce qui souligne le caractère commercial de cette première exposition.

Reconstitution, par l'artiste gantois Armand Heins (1898), de la première exposition de la Société d'agriculture et de botanique, à l'auberge « Au Jardin de Frascati », en 1809.

DU JARDIN DE FRASCATI À LA SALLE DE THÉÂTRE DE LA SODALITEIT, PUIS AU « HOF VAN FLORA »

Le succès de cette première exposition avait lancé une mode. Chaque édition de l'événement permettait non seulement aux amateurs de faire la connaissance de plantes rares, mais offrait aussi aux cultivateurs l'occasion d'échanger des informations entre eux sur leur activité, et, cerise sur le gâteau, de conquérir de nouveaux clients. Pour la Société, c'était l'occasion de recruter de nouveaux membres. En mai 1809, leur nombre avait grimpé à 120. La même année, une exposition de 137 plantes eut lieu du 29 juin au 2 juillet. Le premier prix, une médaille commémorative en argent, récompensa un *Plumeria floribunda.* L'auberge du Jardin de Frascati put encore accueillir cette exposition d'été mais, pour l'édition de l'hiver 1810, Lanckman dut passer la main. Vu la quantité de plantes exposées, il fallait songer à trouver un local plus grand. Après quelques recherches, on opta pour une salle de fête du *Korte Meer*, près du *Kouter*. Les gens l'appelaient, en langage populaire, « Sodaliteit ». Sa situation centrale se prêtait bien à l'événement, d'autant qu'elle pouvait drainer au passage le public du marché. Lors de l'exposition d'hiver qui eut lieu du 6 au 9 février1810, 243 plantes y furent exposées.

L'exposition d'été du 29 juin 1810 se déroula au même endroit. Entre-temps, le célèbre industriel du coton Lieven Bauwens (1769-1822) était devenu membre de la Société. Passionné par les caféiers, il les cultivait dans une orangerie située derrière sa maison, dans l'ancien couvent des chartreux, au Meerhem (actuelle *Fratersplein*). Fièrement, il présenta un *Coffea arabica* qui lui valut aussitôt une médaille d'argent.

Lanckman, qui avait vu avec regret les expositions déserter son établissement, n'en resta pas là. Il déménagea son auberge vers une adresse plus spacieuse de la *Holstraat* et la rebaptisa d'abord « Le jardin botanique », puis « Hof van Flora ». Le 6 janvier 1811, la cinquième exposition de la Société put se tenir dans cette nouvelle salle. Cette fois, c'est le *Camellia japonica flore albo pleno* double du cultivateur P. Mortier (1768-1847) qui fut primé.

À partir de 1813, la Société connut un essor rapide.
Les diverses expositions d'hiver et d'été connaissaient un succès croissant et le nombre de membres était en nette augmentation
L'association prit aussi une série d'initiatives pour favoriser l'horticulture et l'agriculture en général. Charles Van Hoorebeke, un jeune pharmacien, reçut une médaille pour la description de la végétation indigène du département de l'Escaut. Le juriste et mécène Charles van Hulthem, qui patronnait aussi bien l'*Hortus Gandavensis* que la société, mit plusieurs prix en espèces à la disposition des lauréats de concours portant sur l'agriculture et les jardins.

VISITE DE DIPLOMATES AMÉRICAINS – 1814

En 1814, il n'y eut pas d'exposition d'hiver. L'empire napoléonien, auquel nos régions appartenaient, vacillait sur ses bases. Le 4 février 1814, les cosaques étaient aux portes de la ville. Gand tomba aux mains des alliés. Cette période de guerre ne fut guère propice à un grand déploiement des activités de la Société botanique gantoise.
Dans la seconde moitié de l'année, la ville accueillit une délégation de diplomates américains et anglais. Depuis la déclaration d'indépendance, en 1776, les colons étaient en effet en guerre avec leur métropole ; lassées de cette lutte continuelle, les deux parties cherchaient toutefois à se rapprocher et Gand fut choisie comme lieu de rencontre. Les membres de la délégation américaine, en particulier, prirent part à la vie de la ville. Dans une lettre à son épouse Louisa, John Quincy Adams (1767-1848) raconte comment ils ont été accueillis dans le domaine de la famille De Meulemeester, à Maaltebrugge. Il chante les louanges du jardin et de l'énorme connaissance des plantes de leur hôtesse. Le 24 décembre 1814, après de pénibles négociations et un grand nombre de discussions, une paix fut signée. La Société dédia à celle-ci une exposition spéciale. Les horticulteurs gantois exposèrent pour l'occasion des plantes d'Amérique du Nord, en supposant que leurs hôtes les connaîtraient. À leur grand étonnement, ce ne fut pas le cas. Le 2 janvier 1815, les quatre délégués américains apposèrent, avant de repartir, leur signature dans le Livre d'or de la Société.

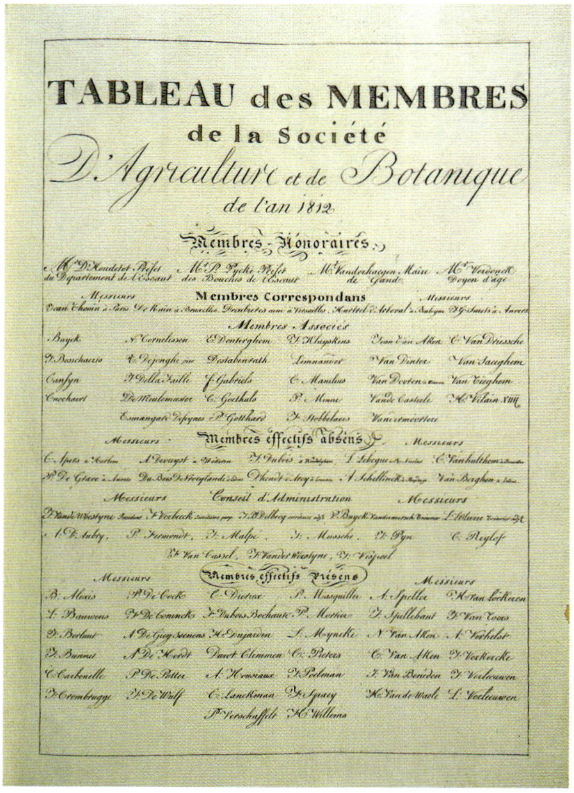
TABLEAU des MEMBRES
de la Société
D'Agriculture et de Botanique
de l'an 1812

Membres Honoraires

Membres Correspondans

Membres Associés

Membres effectifs absens

Conseil d'Administration

Membres effectifs Présens

Liste des noms des premiers membres de la Société d'agriculture et de botanique, 1812.

En 1815, Guillaume Ier (1772-1843, roi des Pays-Bas de 1814 à 1840) reçut le titre de protecteur de la Société d'agriculture et de botanique. À cette occasion, il lui accorda le privilège de l'épithète « royal » ainsi qu'un écusson faisant allusion au zèle et aux efforts requis pour obtenir de beaux résultats dans le domaine agricole et horticole.

LA SOCIÉTÉ DEVIENT SOCIÉTÉ ROYALE EN 1815

Guillaume Ier (1772-1843), le nouveau souverain du Royaume-Uni des Pays-Bas, percevait bien l'importance de l'horticulture pour la ville Gand. Il soutint donc la Société lorsqu'il le pouvait. En 1815, il accepta même le titre de protecteur et désormais, la Société put prendre l'épithète de « royale ». Elle reçut en outre un écusson avec une devise en latin: *Veneficia mea, quirites, haec sunt.* Traduit librement, cela donne « Mes sortilèges, juges, sont ceux-ci ». L'écusson est orné en son centre des outils de jardiniers, faux, sécateur, bêche et fourche. La devise renvoie à un ancien récit latin.
Un jardinier de l'ancienne Rome obtenait de splendides résultats dans son travail. Il cultivait les plus belles fleurs. Si belles même que, lorsque les jeunes patriciennes de la ville offraient des couronnes à Vénus, elles ne juraient que par lui. Bien entendu, ses collègues le regardaient avec jalousie. Ils le traînèrent le jardinier chez le juge, sous prétexte que, pour obtenir d'aussi belles fleurs, il ne pouvait avoir recours qu'à la sorcellerie. Pour sa défense, le jardinier montra son matériel et dit: « C'est grâce à l'usage de tout ceci que j'ai pu, à la sueur de mon front, faire pousser de magnifiques fleurs ». Comprenant que le jardinier avait été faussement accusé, le juge l'acquitta.

En 1815, Jacques Vandewoestijne, premier président de la Société, mourut. Il fut remplacé par Charles van Hulthem (1764-1832).

Entre-temps, le champ d'activités de la Société s'était élargi. Grâce à l'impulsion du gouvernement, en particulier, l'agriculture était largement stimulée. Plusieurs concours furent organisés, avec prix d'honneur et médailles à la clé. Les autorités soutenaient ces initiatives par un généreux subside annuel de 600 florins. Il y avait des compétitions pour apiculteurs, pour la culture de plantes méditerranéennes, pour la mise en culture de terres peu fertiles des environs de Gand, pour les plus belles variétés de fruits, les meilleurs légumes et, enfin, pour le matériel agricole et horticole.

LA SOCIÉTÉ ROYALE GAGNE EN RAYONNEMENT

Petit à petit, la Société royale se fit un nom, non seulement chez nous, mais aussi hors de nos frontières. Des associations horticoles furent, à la suite de l'exemple gantois, fondées dans diverses villes du pays. Les contacts avec l'étranger s'intensifièrent également. Désormais, les membres visitèrent les expositions londoniennes, où ils purent admirer les dernières nouveautés. De plus en plus souvent, on en ramenait des spécimens. La Société entretenait en outre une correspondance suivie avec des botanistes et des jardins européens, ainsi qu'avec des sympathisants et des personnes établies sous les tropiques. Par ce biais, ils recevaient une quantité d'informations sur de nouvelles plantes et sur les résultats obtenus dans d'autres pays. À partir de 1823, ces connaissances furent diffusées via la revue *Messager des Arts et des Sciences*, qui fut jusqu'en 1830 l'une des rares, sinon l'unique revue scientifique des Pays-Bas méridionaux.
Parallèlement, la Société poursuivait sa politique de compétitions et de concours. Des prix et des médailles étaient remis pour une intervention méritante en cas d'épizootie, la fertilisation de sols ingrats ou simplement pour services rendus. Il y avait aussi des prix dans le domaine horticole: médaille d'honneur pour une collection de plantes rares ou récemment découvertes, de plantes en fleur ou d'agrumes. Chaque hiver et chaque été, une exposition était organisée. Ces événements constituaient autant d'objectifs précis sur lesquels les membres pouvaient se concentrer.
En 1816, le nombre de plantes que les membres devaient présenter aux expositions passa de deux à quatre. Toutes les plantes devaient être fleuries.
Lors de l'exposition d'hiver 1819, il y eut environ 700 plantes envoyées par 214 amateurs et membres.

Pour donner plus de prestige à la remise des prix, on l'organisa, à partir de 1821, à l'hôtel de ville.
Au bout d'un temps, ces manifestations prirent une telle importance que le « Hof van Flora » de la *Holstraat* devint trop petit. Consciente de l'importance de la Société royale, l'administration communale mit à sa disposition la salle de la Pacification de l'hôtel de ville. En 1828, une médaille d'or fut remise en grande pompe au roi Guillaume Ier en signe de gratitude pour l'aménagement du canal Gand-Terneuzen, ouvert à la navigation le 18 novembre précédent, et pour son soutien à la Société royale.
Il était clair que cette dernière était orangiste, comme une grande partie des industriels gantois. Cela posa d'ailleurs quelques problèmes lorsque l'indépendance de la Belgique fut proclamée, le 4 octobre 1830, et que l'armée de Guillaume Ier fut chassée des Pays-Bas méridionaux par les patriotes.
Le nouveau gouvernement se montra évidemment très méfiant à l'égard de la mentalité orangiste des Gantois.
La Société royale en subit lourdement les conséquences. Plus aucune publication ne fut envoyée au *Messager des Arts et des Sciences.* On accorda moins de soin aux expositions et les concours agricoles furent supprimés. En 1831, les expositions d'hiver et d'été eurent bien lieu au Sint-Jorishof, mais sur un mode mineur. Vu les circonstances, la salle de l'hôtel de ville n'était plus disponible.
Comble de malheur, en 1832, Charles van Hulthem, qui présidait la Société royale depuis 1815, décéda ; avec lui, le pays perdait l'une des grandes figures du tournant du siècle.

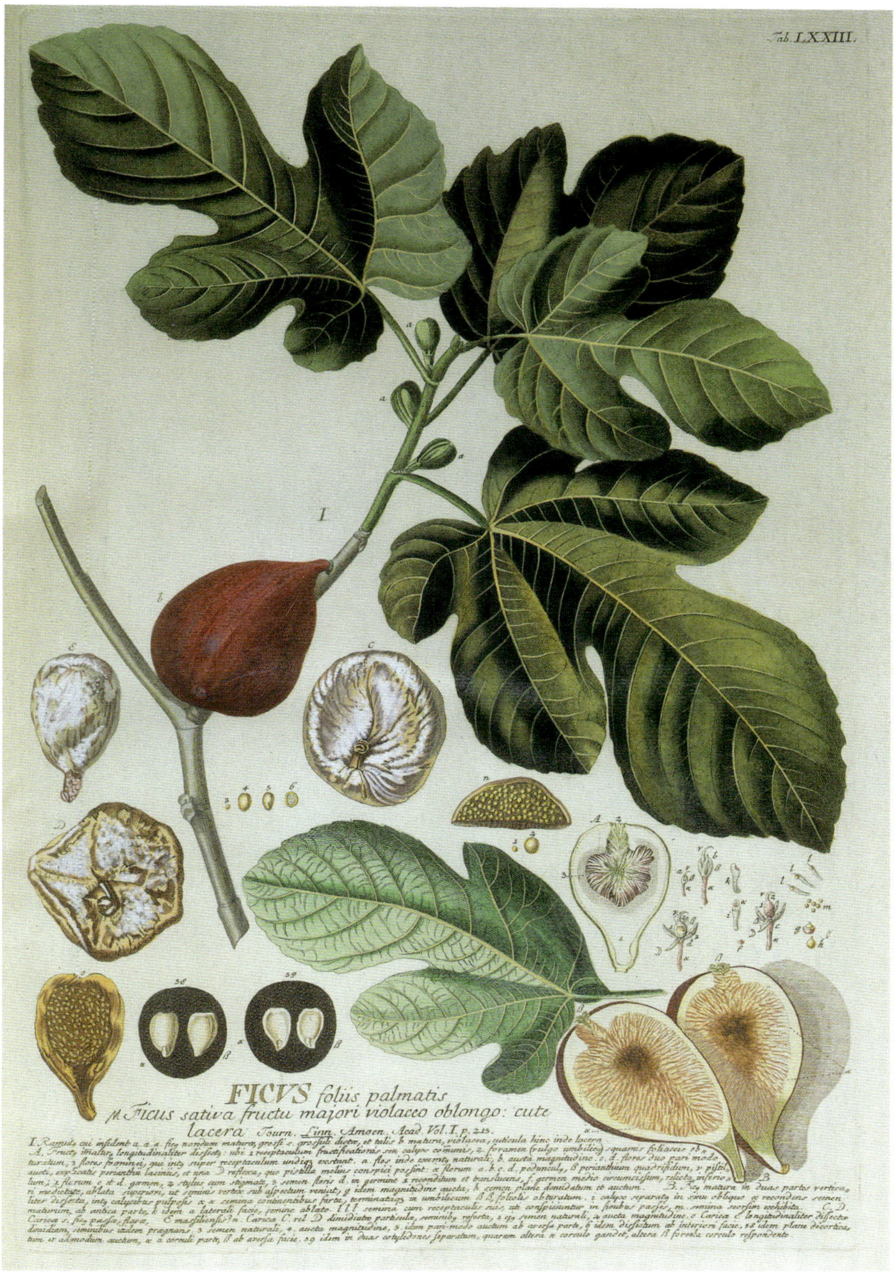

Ficus Foliis palmatis. Sous le Royaume-Uni des Pays-Bas, la Société d'agriculture et de botanique encouragea l'adoption de nouvelles cultures, comme celle des figues et autres plantes exotiques et méditerranéennes. Extrait de Christoph Jacob Trew, *Plantae Selectae*, Augsbourg, 1750, planche XXIII.

LES 25 ANS DE LA SOCIÉTÉ ROYALE

Le 31 décembre 1832, Joseph Van Crombrugghe (1770-1842) devint le nouveau président. Cet avocat avait aussi été bourgmestre de Gand de 1826 à1836. C'est en homme expérimenté et pondéré qu'il dirigea la Société royale pendant ces temps de crise.

Ces années étaient en effet en nette rupture par rapport au passé. Les aspects agricoles étaient de moins en moins pris en compte et toute l'attention se porta dorénavant sur l'horticulture. Mais grâce à ses prestations, la Société royale put très vite compter sur l'intérêt et la bonne volonté du nouveau régime.

En 1834, on fêta les 25 ans de la Société Royale de Botanique et d'Agriculture. Ses dirigeants firent coïncider cet anniversaire avec l'ouverture du cinquantième salon floral. Pour l'occasion, on avait demandé l'autorisation d'utiliser l'aula de l'université de Gand, ce qui fut accepté. Les membres et jardiniers de la région et d'autres villes, un jardinier de Lille et un de Leyde réunirent ensemble quelque 2.922 plantes en fleur. Ce fut la plus grande exposition du moment.

Les plantes étaient disposées en forme d'étalage dans le péristyle. De hauts palmiers dominaient la composition. Avec les plantes exotiques, ils donnaient à l'ensemble une allure féerique. Des collections de camélias, d'amaryllis et de plantes forcées participèrent pour la première fois aux concours.

Ce succès força le gouvernement à reconnaître les mérites de la Société royale. Quelques mois plus tard, Léopold Ier (1790-1865) vint à Gand et se fit inscrire comme membre. À chaque exposition, des plantes devaient désormais être exposées en son nom ou en celui de la famille royale. Après cette première visite, les membres de la famille régnante prirent l'habitude de visiter les expositions florales et, plus tard, les Floralies.

UN PALAIS DES FÊTES RÉSERVÉ À LA SOCIÉTÉ : LE CASINO (1836)

Pendant les années qui suivirent, les expositions prirent une grande ampleur. L'été 1836, 3.138 plantes furent présentées. Le péristyle de l'aula ne tarda donc pas à devenir trop petit.
L'administration songea alors à faire bâtir son propre palais des fêtes, qui serait suffisamment spacieux pour accueillir l'afflux massif de plantes durant les expositions. Le bourgmestre van Crombrugghe proposa que la commune mette à disposition de la Société le Molenberg, un terrain situé près de la *Coupure*. On acheta aussi quelques parcelles voisines, de sorte que l'on put disposer d'un terrain de 27.400 m².
Pour financer la construction du palais des fêtes, ou Casino, on fonda une société anonyme d'un capital de 250.000 francs. Elle se composait essentiellement des membres de la Société royale et de la Société de musique Sainte-Cécile, qui avait elle aussi besoin d'une salle pour

{si dessus} Aquarelle du peintre Ange De Baets représentant l'exposition florale de 1834, à l'aula de l'université de Gand.

{à gauche} Peinture anonyme de l'exposition florale de mars 1834, à l'aula de l'université de Gand.

ses prestations. On demanda à deux architectes gantois connus, Louis Minard (1801-1875) et Louis Roelandt (1786-1866), d'élaborer un projet. La pose de la première pierre eut lieu le 2 juin 1835 et fut accompagnée d'un prestigieux cortège de gildes et de sociétés, sur fond de salves d'artillerie.

L'inauguration solennelle eut lieu une bonne année plus tard, le 15 août 1836. L'exposition inaugurale ouvrit ses portes le 12 mars 1837. Pas moins de sept commissions furent instaurées pour faire de celle-ci un événement mémorable.

Tous les horticulteurs connus de Gand y participèrent et 5.273 plantes furent exposées. Il y eut des concours pour collections de *Rhododendron arboreum*, d'*Azalea indica*, de roses et de bruyères. Pour la première fois, des orchidées furent montrées au public. Une vraie révélation à l'époque!

Le jury put remettre 52 médailles aux propriétaires des spécimens les plus beaux et les plus neufs. Des médailles d'honneur furent décernées à la *Hofbouwmaatschappij* d'Anvers et la Société royale Maatschappij Flora d'Alost pour leurs collections de camélias. La remise des prix fut suivie d'un grand banquet. Diverses allocutions mirent l'accent sur les mérites de la Société royale à l'échelle nationale et internationale.

LA PREMIÈRE EXPOSITION QUINQUENNALE – 1839

Dans l'intervalle, on avait aussi instauré des expositions d'automne, avec des dahlias et d'autres fleurs de saison ainsi que des fruits et des légumes. Ces expositions connurent un grand succès.

En 1839, les expositions d'hiver célébraient leurs trente ans d'existence. Il fallait fêter ça! Le 30 septembre 1838, on avait donc pris la décision d'organiser, en plus des salons bisannuels, une grande exposition quinquennale

Vue du Casino vers 1837. Pour l'aménagement des expositions, la Société d'agriculture et de botanique eut recours à de nombreuses salles d'appoint, comme la salle de la Pacification de l'hôtel de ville et l'aula de l'université de Gand. L'exiguïté des locaux était toutefois un problème récurrent. Grâce à la construction, en 1835-1836, d'une salle d'exposition propre, le Casino, les expositions florales purent être organisées de manière plus efficace.

Vue de l'exposition florale de 1839, au Casino. Son caractère international valut à cette exposition de passer à la postérité comme la première édition des « Floralies gantoises ».

Peinture de l'exposition d'hiver au casino en 1837, par Ange De Baets.

Le Casino ne tarda pas à devenir le lieu de rencontre de la bonne bourgeoisie gantoise et de l'élite des environs. Le dimanche, on pouvait y flâner dans le parc attenant et assister à des représentations musicales. Les visites royales n'étaient d'ailleurs pas exceptionnelles, ainsi que le montre cette page du Livre d'or de la Société d'agriculture et de botanique, signée par Victoria (1819-1901, reine de Grande-Bretagne et d'Irlande à partir de 1837, et son époux Albert de Saxe-Cobourg-Gotha (1819-1861), à l'occasion de leur visite le 16 septembre 1843.

où un siégeait jury international. Lors de la première édition, en 1839, on y exposa quelque 3.722 plantes. Une équipe de 40 jurés de tous les coins d'Europe se chargea d'attribuer les prix.
Plus tard, ces expositions quinquennales prendraient le nom de Floralies ou Floralies gantoises. Elles acquirent une telle importance pour la promotion des entreprises horticoles qu'elles ne tardèrent à devenir des événements phares. Au sein de la Société royale, on consacrait désormais les cinq années intermédiaires à leur organisation. Pour autant, on ne négligeait pas les expositions annuelles d'hiver et d'été. Elles se poursuivaient, avec leur lot de péripéties. Juste avant celle de l'hiver 1839, la région de Gand fut victime d'un violent orage. Les grêlons détruisirent de nombreuses serres et les vitres des couches. Cette année-là, la Société royale décida de ne pas éditer de catalogue afin d'aider les horticulteurs touchés.

Entre la première et la deuxième exposition quinquennale, la Société perdit son président, Van Crombrugghe. Celui mourut le 7 mars 1842, après dix ans de services compétents, et fut remplacé par le chevalier Theodoor Papejans de Morchoven (1792-1846).

Lors de l'exposition d'hiver de 1843, le public put découvrir une remarquable collection de conifères et l'horticulteur Alexander Verschaffelt présenta la plante-mère du *Camellia* « Queen Victoria ». Le 16 septembre 1843, le roi Léopold Ier et sa famille furent reçus avec tous les honneurs au Casino. Ils étaient accompagnés de la reine Victoria et de son mari, le prince Albert, qui signèrent pour l'occasion une page spéciale du Livre d'or de la Société royale.

La deuxième exposition quinquennale, en 1844, donna lieu, l'année suivante, à l'édition d'une revue. Coïncidant avec le 35e anniversaire de la Société Royale, elle devait offrir la confirmation définitive du nouvel élan offert à la Société par la construction du Casino. Quelque 5.178 plantes furent jugées par un jury international de 86 membres. Tout comme lors de l'édition précédente, une grande attention fut accordée aux collections en fleurs: 16 médailles d'or et 63 médailles dorées ou d'argent couronnèrent les plantes les plus remarquables. Le président Charles van Hulthem, décédé en 1832, eut également droit à un hommage solennel. La médaille d'honneur fut attribuée à l'explorateur Franz von Siebold (1796-1866), qui avait envoyé à l'exposition une collection de plantes directement venues du Japon et de Java et qui avait en outre offert une impulsion particulière à l'horticulture gantoise grâce à ses découvertes antérieures.
Dans la foulée de cette exposition, on prit une autre initiative, à savoir la publication d'une revue. Les membres

ressentaient en effet le besoin d'être mieux informés. L'administration de la Société royale chargea le botaniste Charles Morren (1807-1858) d'éditer une publication avec l'aide d'artistes et de lithographes reconnus, comme G. Severeyns et Alex Lagarde. Le premier numéro des *Annales de la Société Royale d'Agriculture et de Botanique de Gand* parut en 1845. L'abonnement annuel coûtait vingt francs pour douze numéros. Les *Annales* existeraient jusque 1849 et compteraient au total 291 lithographies. Les plantes qui y étaient illustrées furent le plus souvent dessinées d'après les collections des entreprises gantoises et belges. Il y avait aussi une rubrique « Plantes nouvelles », dans lesquelles les nouveautés cultivées à l'étranger ou importées étaient commentées et ce, principalement sur la base des revues anglaises.

La revue fut, de manière totalement imprévue, concurrencée par la *Flore des Serres et des Jardins de l'Europe,* éditée par Louis Van Houtte. Sans doute les *Annales* cessèrent-elles de paraître à la fois parce qu'elles étaient devenues superflues et pour des raisons financières.

Les expositions d'été de 1845 permirent d'admirer 3.330 plantes. Pour la première fois, il y eut des concours réservés aux lys en fleur et aux palmiers. On exposa un ensemble de plantes récemment importées du Mexique ainsi que des collections de cactus, de pétunias, de glaïeuls, de violettes et de conifères. Au milieu du XIXe siècle, ces plantes que l'on peut aujourd'hui se procurer à bas prix chez les horticulteurs et dans les commerces spécialisés, étaient encore de vraies raretés.

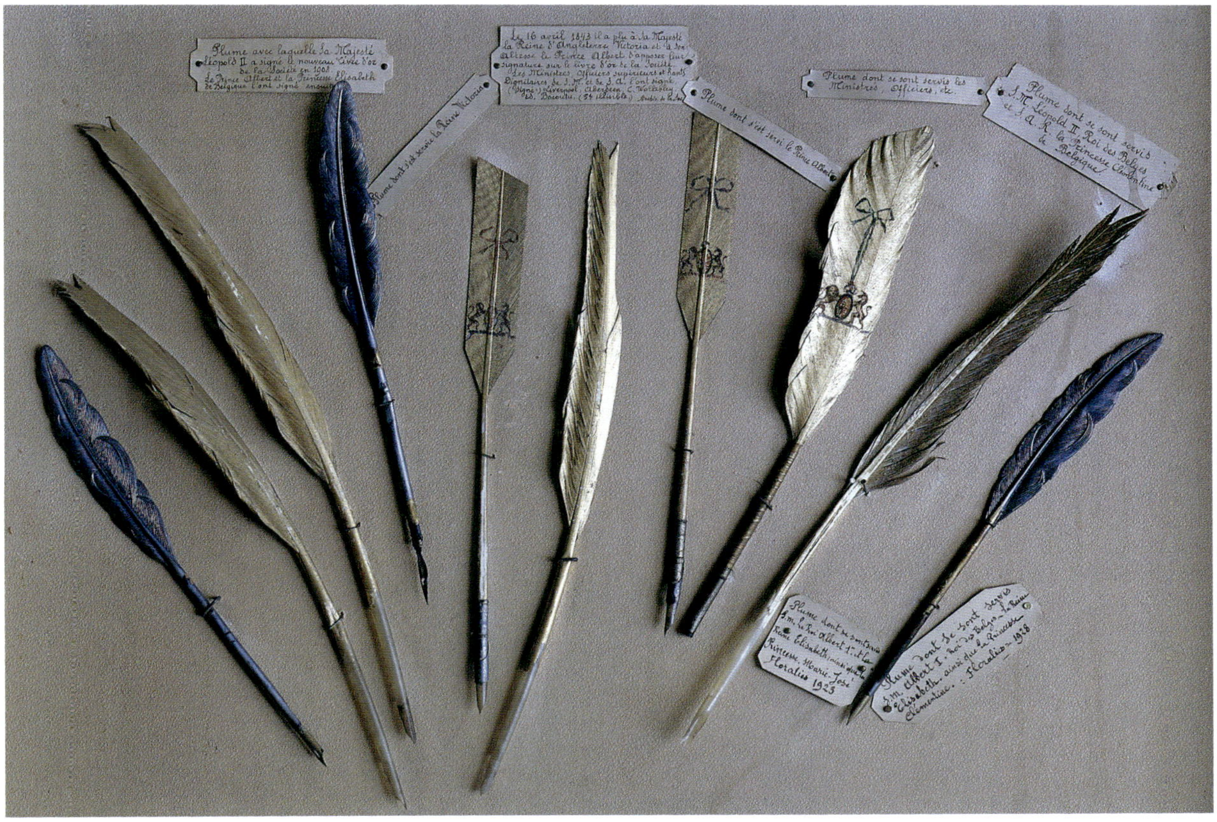

Plumes avec lesquelles le Livre d'or fut signé, notamment par la reine Victoria, Léopold Ier (1790-1865, roi à partir de 1831), Léopold II (1835-1909, roi à partir de 1865) et Albert (1875-1934, roi à partir de 1909). Aujourd'hui encore, les membres de la maison royale tiennent à être présents lors des manifestations importantes et des expositions florales de la Société royale d'agriculture et de botanique.

LA GRANDE EXPOSITION AGRICOLE DE 1849

En 1846, le chevalier Papejans de Morchoven mourut et fut remplacé par le chevalier Heynderycx, vice-président. En 1849, une grande exposition agricole et de jardins eut lieu sur les terrains du Casino à l'initiative du gouvernement. Cet événement, qui se déroula du 16 au 21 septembre 1849, s'inscrivait dans le cadre des mesures prises par le gouvernement pour combattre la crise agricole. Suite à l'industrialisation croissante, l'industrie à domicile et les artisanats traditionnels étaient en effet fortement mis à mal dans les campagnes flamandes. L'hiver rigoureux de 1844-1845 avait compromis les récoltes de colza et de froment. En 1846, les paysans furent en outre confrontés à une épidémie touchant la pomme de terre et l'année suivante, c'est la récolte de seigle qui fut affectée. Dans bien des familles rurales, on mourait littéralement de faim.

Carton souvenir du banquet d'hommage donné à l'occasion de la nomination du chevalier Heynderycx au titre président de la Société royale, en 1846. Le chevalier était connu comme amateur de camélias et de palmiers. Dans ses serres et ses orangeries, il cultivait aussi des ananas.

Le roi Léopold Ier inaugura lui-même cette exposition si importante pour l'économie du pays. À cette occasion, une série de figures méritantes du secteur horticole furent élevées au rang de chevalier, dont Louis Van Houtte et Alexander Verschaffelt (1801-1850). La préparation de cette exposition agricole exigea une telle énergie que la troisième exposition quinquennale fut reportée.

Carton publicitaire des *Annales de la Société Royale d'Agriculture et de Botanique de Gand*, revue de la Société royale, éditée de 1845 à 1849.

En 1845 et au cours des années qui suivirent, les plantes agricoles furent à plusieurs reprises touchées par des épidémies. Le gouvernement souhaita stimuler l'agriculture par des mesures particulières. La grande exposition industrielle et agricole qui eut lieu au Casino en 1849 s'inscrivait dans cette politique.

LES EXPOSITIONS QUINQUENNALES DE 1852, 1857, 1862 ET 1868

À partir des expositions de 1852, 1857 et 1862, on constate que le jury accorde une attention croissante à la qualité des plantes. L'horticulture avait en effet évolué à un point tel que seuls des spécimens exceptionnellement beaux étaient admis dans les concours. On présenta une nouveauté, le bégonia tubéreux (*Begonia x tuberhybrida*), qui serait d'une importance primordiale pour les entreprises de la région gantoise. À l'exposition quinquennale de 1857, c'est le *Gesneria cinnabarina* qui focalisa l'intérêt du public.

En 1859, la Société royale perdit son cinquième président, le baron Heynderycx ainsi que son dernier membre fondateur, Frans Spae. Le baron Victor van den Hecke de Lembeke reprit la présidence et le bourgmestre de Gand, Charles de Kerchove de Denterghem (1819-1882) fut fait président d'honneur. On prit l'initiative de remettre une vingtaine de médailles aux fleuristes qui faisaient du marché aux fleurs hebdomadaire de Gand un tableau si pittoresque. Ce prix contribua sans aucun doute à l'amour des Gantois pour ce marché et à son intérêt pour les fleurs et les plantes en général.

À l'exposition de 1862, le *Rhododendron simsii (Azalea indica)* fit une entrée en force. Cette plante est restée jusqu'à nos jours une valeur sûre des expositions gantoises. Le *Retinospora obtusa* et l'*Acer palmatum* (tous deux présentés par von Siebold) ainsi qu'une collection de palmiers retenaient à raison l'attention du public.

L'exposition quinquennale suivante devait théoriquement avoir lieu en 1867, mais, cette année-là, une grande exposition florale était déjà prévue à Paris. De surcroît, les locaux du Casino étaient déjà devenus trop exigus. L'exposition internationale fut donc reportée à 1868. Entre-temps, on chargea l'architecte Adolp Pauli, professeur d'architecture à l'université de Gand, de dessiner les plans d'un nouveau bâtiment qui jouxterait le Casino de Louis Roelandt (1836). Il conçut une grande salle dotée de supports en fonte et d'une surface de 2500 m^2. La sixième exposition quinquennale fut solennellement inaugurée le 30 mars 1868, par le roi Léopold II (1835-1909) et la reine Marie-Henriette (1836-1902). Plus de deux cents exposants participèrent à un ou plusieurs des 241 concours proposés. Cependant, la participation étrangère resta inférieure aux attentes. Cela ne tenait certainement pas au jury, qui comptait parmi ses membres 110 étrangers, dont 45 botanistes anglais. L'*Azalea indica* donna clairement le ton. La culture du camélia étant en train d'acquérir un véritable intérêt commercial, cette espèce était également bien représentée.
Le bourgmestre Charles de Kerchove de Denterghem récompensa d'une médaille d'or une impressionnante collection de palmiers.

Pour la première fois, on identifie précisément les organisateurs. L'édition de 1868 se fit au nom d'Ambrosius Verschaffelt, d'Hubert Van Hulle et d'Edouard Pynaert. Vers 1855, on abandonna le système des expositions sur étalages. Les plantes seraient désormais disposées dans un jardin paysager.

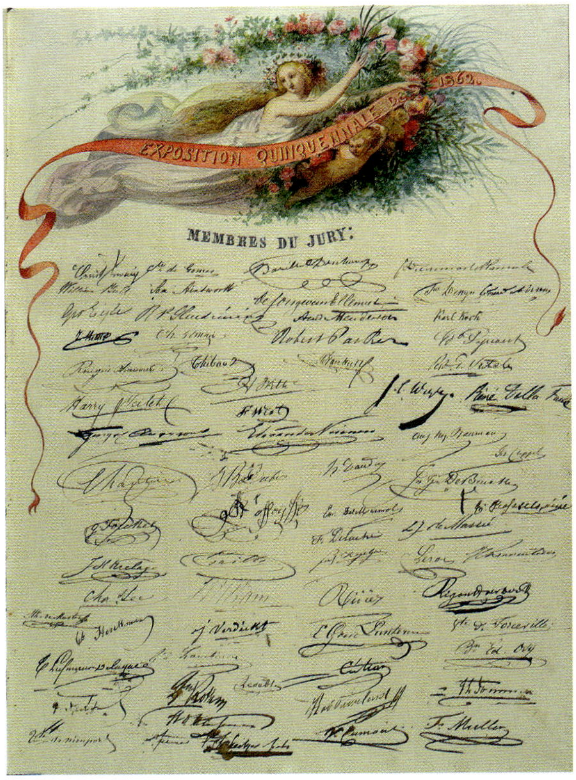

Page du Livre d'or de la Société royale pour l'exposition quinquennale internationale de 1862, avec les signatures des membres du jury de tous les coins d'Europe.

LA NAISSANCE DU NOM « FLORALIES », EN 1873

En 1870, Victor van den Hecke de Lembeke, président depuis 1859, mourut et Edmond de Ghellinck de Walle lui succéda. L'exposition quinquennale de 1873 mérite une mention spéciale car elle correspond à l'introduction de nom de « Floraliën » ou « Floralies », une trouvaille d'Oswald de Kerchove de Denterghem (1844-1906).
Elle fut un véritable succès. On y organisa 291 concours et le nombre de plantes exposées dépassa les dix milliers. Palmiers, fougères et azalées furent les vedettes de l'année. Après le décès d'Edmond de Ghellick de Walle, en 1875, le comte Charles de Kerchove de Denterghem, ancien bourgmestre de Gand, devint le nouveau président. Il ne resterait à ce poste que sept ans. C'est néanmoins sous sa présidence que furent organisées les Floralies de 1878.

Pendant celles-ci, les horticulteurs gantois décrochèrent quelques distinctions anglaises. Lorsqu'en 1882, le comte Charles de Kerchove mourut et fut remplacé par l'avocat Hippolyte Rolin, les préparatifs des Floralies de 1883 étaient déjà pleinement en cours. Les collections d'orchidées des entreprises de Vuylsteke, Boddaert, Vervaet et August Van Geert remportèrent la vedette. C'est pendant ces mêmes Floralies qu'eut lieu la première réunion internationale d'horticulture, le 16 avril, qui avait pour thème principal la convention de Berne sur le phylloxéra. Cette assemblée était organisée par la Chambre Syndicale de l'Horticulture Belge et placée sous la présidence du comte Oswald de Kerchove de Denterghem, ex-gouverneur du Hainaut, amateur passionné et spécialiste des palmiers qui, en 1886, succéderait à Rolin en tant que président. La même année, la Société royale organisa aussi la première exposition internationale de chrysanthèmes.

Fontaine dédiée en 1898 au comte Charles de Kerchove de Denterghem (1819-1882), président de la Société d'agriculture et de botanique de 1875 jusqu'à sa mort. De 1851 à 1881, il fut aussi l'un des plus remarquables bourgmestres de Gand.

Le comte Oswald de Kerchove de Denterghem (1844-1906) était le fils aîné du comte Charles de Kerchove. De 1886 à 1906, il présida la Société d'agriculture et de botanique. Un monument lui est dédié dans le parc de la Citadelle, à Gand.

Page du Livre d'or de la Société d'agriculture et de botanique, exposition internationale de chrysanthèmes de 1889.

LES EXPOSITIONS : DES HAUTS ET DES BAS

Les Floralies de 1888 comptaient 417 concours et furent un grand succès. On reconstitua pour l'occasion l'auberge « Au Jardin de Frascati » où, quatre-vingt ans plus tôt, l'idée d'attirer l'attention sur l'horticulture gantoise au moyen d'expositions avait germé.

L'exposition quinquennale suivante, en 1893, connut des circonstances moins favorables. Dans le pays, il régnait en effet un climat de malaise et de révolte. L'exploitation des ouvriers dans l'industrie avaient pris des proportions telles qu'elle avait déclenché des réactions violentes. S'ajoutèrent à cela des problèmes techniques. Le printemps fut très doux, de sorte que les azalées fleurirent plus tôt que la normale. Certains horticulteurs avaient bien essayé de faire baisser la température de leurs serres en y faisant fondre de la glace, mais en vain : lors de l'ouverture de l'exposition, la floraison de nombreuses plantes était déjà bien avancée. L'exposition eu néanmoins le mérite de présenter de nombreux *Anthuriums*, palmiers géants et fougères arboricoles, ainsi que de magnifiques collections d'orchidées présentées dans des salons décorés de miroirs et d'objets d'art. Deux firmes d'importateurs, la SA L'Horticulture Internationale de Lucien Linde, de Bruxelles, et la firme F. Sander & C° de St. Albans, Angleterre, rivalisèrent pour la plus remarquable collection de plantes récemment importées.

Les Floralies de 1898 couvraient une surface de 8.000 m^2. Pour l'occasion, on construisit une annexe afin que toutes les plantes soient exposées dans de bonnes conditions. Les azalées de plus de 2,5 m de diamètre de la comtesse Kerchove de Denterghem et de la famille de Ghellinck de Walle firent sensation. Ce fut la dernière fois que ces célèbres plantes étaient exposées. L'exposition regroupa plus de 20.000 plantes.

À l'exposition internationale de 1903, on fut frappé par la régression des nouveautés importées de régions lointaines au bénéfice des productions de l'horticulture gantoise. Le temps des *planthunters* qui écumaient les forêts d'Asie et l'Amérique tropicale au péril de leur vie était terminé pour de bon. Les plantes cultivées par les jardiniers et spécialistes de la région retinrent donc toute l'attention. Dans cette catégorie, les variétés d'azalées des cultivateurs Vervaene, Hartmann, L. Eeckhaute et de la firme L.Van Houtte attirèrent le public en masse.

Page du Livre d'or de la Société d'agriculture et de botanique pour l'exposition quinquennale de 1893. Cette année-là, deux grandes firmes, Lucien Linden de Bruxelles et Sander & C° de St Albans, près de Londres, rivalisèrent dans la présentation de plantes inconnues, nouvellement importées. La comtesse de Kerchove de Denterghem exposa des azalées de plus de 2 mètres de diamètre.

LE CENTENAIRE DE 1908

En 1908, on célébra le centenaire de la Société royale. Oswald de Kerchove de Denterghem (président 1886 de 1906) n'eut pas la chance de vivre cet événement puisqu'il mourut le 20 mars 1906. Deux ans plus tard, le 26 avril 1908, une statue de bronze fut érigée en l'honneur de cet homme méritant, à côté de la gare de l'époque, sur la *Graaf van Vlaanderenplein*. Fondue pendant la Première Guerre mondiale pour les besoins de l'armement, la statue fut remplacée en 1923. En 1974, elle fut déplacée vers le parc de la Citadelle lors de l'aménagement de la sortie de l'autoroute.

C'est donc un nouveau président, le procureur général Alexis Callier, qui transforma les Floralies de 1908 et les festivités qui y étaient liées en un véritable sommet de l'existence de la Société royale. Les organisateurs ayant constaté qu'il devenait trop petit pour accueillir tous les exposants, le Casino eut droit à un lifting en profondeur et se vit adjoindre une salle de 5.000 m^2.
Cette exposition géante rassembla au total 400 exposants pour une surface de 10.000 m^2. Comme en 1888, l'auberge « Au Jardin de Frascati » fut reconstruite. Pratiquement tous les plantes qui avaient été exposées au cours des cent années précédentes purent être réunies. Seul le *Portlandia grandiflora* manquait à l'appel.

Pour les Floralies gantoises de 1908, un diorama fut conçu. Les azalées étaient disposées de telle façon qu'elles semblaient croître naturellement dans une fresque paysagère.

Vue du Casino pendant les Floralies de 1908. La Société d'agriculture et de botanique fêtait cette année-là son centenaire. Les Floralies s'étendirent sur 10.000 m² et réunirent 400 horticulteurs.

Dans la nouvelle annexe, l'architecte de jardin Burvenich senior aménagea un jardin prolongé par une grande fresque, si bien qu'il donnait l'illusion d'un véritable jardin de campagne. Ces Floralies furent solennellement inaugurées par le Léopold II, alors âgé de 73 ans, accompagné du prince héritier Albert (1875-1934) et de la princesse Élisabeth (1876-1965). Plus de 150.000 personnes visitèrent cette féerie florale.

LES FLORALIES À L'EXPOSITION UNIVERSELLE DE 1913

Depuis la fin du XIXe siècle, le Casino, qui abritait les expositions de la Société royale, était devenu trop petit pour les grandes manifestations comme les expositions quinquennales. Mais jusque-là, on s'en était toujours tiré en construisant des annexes provisoires.
Lorsque l'on prit la décision d'organiser à Gand une Exposition universelle à laquelle les Floralies prendraient également part, la construction de nouveaux espaces imposa comme une nécessité urgente. D'après un plan de l'architecte Oscar Vande Voorde (1871-1938), on éleva donc un hall de fêtes de 170 m de long sur 60 m de large et 8 m de haut, soit 10.200 m^2 d'espace d'exposition au total. On lui ajouta une salle séparée destinée aux orchidées et aux plantes tropicales, qui pouvait être chauffée pour qu'il y règne une température de 15°C minimum même quand il gelait à -5 C° dehors. Cette serre chaude mesurait 75 m sur 60 m (soit 4.500 m^2). Avec les bâtiments attenants, construits au fil du temps, une surface totale de 28.824 m^2 serait ainsi mise à la disposition des horticulteurs et amateurs de plantes au cours des décennies suivantes.
Les Floralies de 1913 constituent une manifestation exceptionnelle dans l'histoire de l'horticulture gantoise, belge et européenne. Le 26 avril, le roi Albert, la reine Élisabeth et le prince Léopold (1901-1983) visitèrent l'exposition. Le nombre de plantes exposées était estimé à 450.000, pour une assurance de 7 millions de francs environs. Trois cents membres de jury venus d'Europe entière décernèrent 584 prix, objets d'art et médailles d'une valeur totale de 100.000 francs. Ces Floralies attirèrent de 300.000 à 400.000 visiteurs, qui suivirent dans le grand hall un parcours tracé dans une profusion d'azalées.
Le projet était de Burvenich senior. La serre chaude avait

Cette carte imprimée offre une image des Floralies gantoises de 1913, qui se déroulèrent pour la première fois dans un tout nouveau bâtiment, au parc de la Citadelle, à Gand. La disposition des fleurs était fortement influencée par la « culture mosaïque ».

Carton publicitaire pour les Floralies gantoises 1913, qui furent organisées conjointement à l'Exposition universelle de Gand, programmée la même année. Après les Floralies proprement dites, il y eut encore une exposition d'été et une autre d'automne.

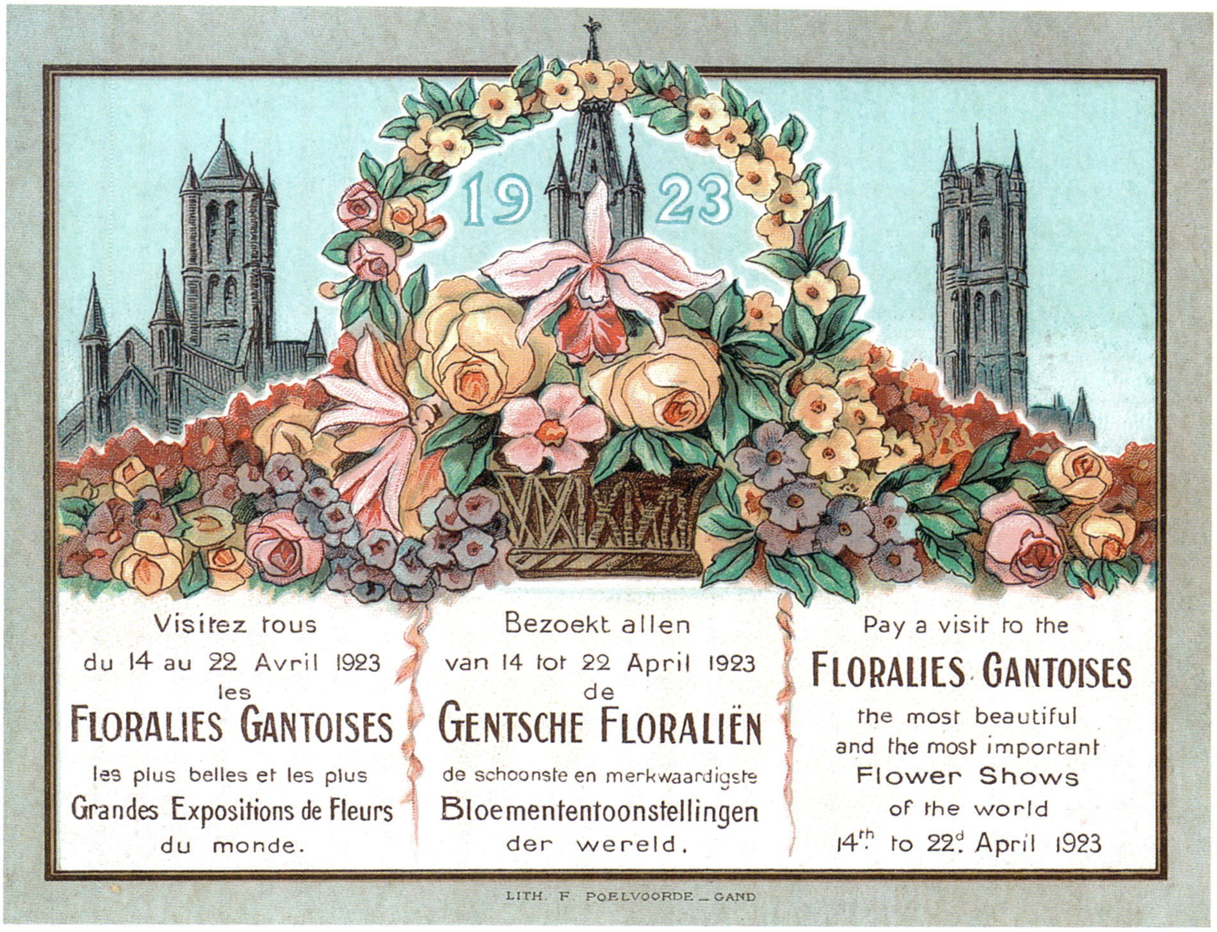

Carton publicitaire pour les Floralies gantoises organisées du 14 au 22 avril 1923, les premières après la Première Guerre mondiale. Le succès de cette manifestation montra que l'horticulture, gravement touchée pendant les années de guerre, avait suffisamment de ressort pour s'adapter rapidement aux circonstances de l'après-guerre.

été transformée par Charles Pynaert en un vaste jardin d'hiver. Le public pouvait y admirer une riche sélection de palmiers, cyclamens, fougères, amarantes et orchidées. Une partie des Floralies consistait en une plantation installée en dehors des bâtiments eux-mêmes. On y trouvait des plantes, des roses et des arbres ornementaux ou fruitiers fournis par des cultivateurs wetterenois, mais aussi par des entreprises françaises.

Les 18 et 19 juillet 1914, la Société royale organisa une dernière grande exposition au Casino. Peu après, le 4 août, la Belgique était entraînée dans la Première Guerre mondiale.

LES EXPOSITIONS PENDANT L'ENTRE-DEUX-GUERRES

Après 1918, on pensa avant tout à la reconstruction de nos régions durement touchées. Dans ce cadre, les bâtiments du Casino furent, le 19 février 1920, réquisitionnés par l'administration provinciale, qui y aménagea une École supérieure du travail. La Société royale déplaça alors son siège et s'installa dans les bâtiments du palais des Floralies, au parc de la Citadelle.

Vers 1921, la reconstruction des serres était si avancée que l'on put de nouveau songer à une exposition internationale, en l'occurrence, l'exposition quinquennale de 1923. La qualité des envois et le nombre de participants démontrèrent tant le rétablissement de l'horticulture belge que le caractère international de l'événement. Les Pays-Bas, la France et l'Angleterre apportèrent en effet une contribution intéressante. Le roi Albert et son épouse furent parmi les milliers de visiteurs à venir constater la renaissance du secteur.

Après la démission du procureur général Callier en 1925, le comte André de Kerchove de Denterghem (1885-1945) reprit la gestion de la Société royale. Conçues, tout comme celles de 1923, par Henri De Wilde, les Floralies de 1928 remportèrent également un franc succès. En huit jours, plus d'un million de visiteurs y défila dans une abondance de fleurs. Les plantes étaient cette fois présentées dans un jardin d'inspiration Art déco. Dans le palais de fêtes, on pouvait admirer 10.000 m^2 d'azalées disposées de manière sobre et linéaire. Des hortensias et des camélias rehaussaient encore cette composition.
La section néerlandaise présenta une grande quantité de tulipes et de plantes rares. Le centre de la serre était occupé par une pièce d'eau rectangulaire entourée de fougères et de spécimens géants de *Medinella magnifica*. Originaires des serres de Laeken, ceux-ci faisaient l'objet d'une attention particulière de la part du roi. Plus loin, on était frappé par de splendides collections de palmiers, d'anthuriums, de caladiums, de fougères arborescentes et par un assortiment d'orchidées aux couleurs éclatantes.

Le 24 octobre 1929, la panique s'empara de Wall Street. Il s'en suivit une crise sans précédent. L'industrie de l'acier, de la houille et des voitures s'effondra et le nombre de chômeurs atteignit des sommets jamais vus au paravant. L'horticulture et les entreprises de jardinage s'apprêtaient à passer des années très dures. Malgré tout, la Société ne baissa pas les bras. Les Floralies de 1933 et de 1938 furent organisées avec le même enthousiasme et récoltèrent un succès tout aussi vif. Plus que jamais, elles étaient considérées comme une initiative supra-communale, dans laquelle la Belgique entière était impliquée. Bref, elles étaient capitales pour le pays tout entier. Les festivités de 1933 coïncidèrent avec la célébration des 125 ans de la Société royale. Le projet général de l'exposition fut élaboré par Henri De Wilde. La Société royale L'Avenir Horticole, qui regroupait de jeunes horticulteurs, se chargea de fleurir la ville.

Photo d'ensemble des Floralies gantoises de 1928. Ces Floralies connurent un afflux continu de visiteurs. Beaucoup vinrent en train, mais certains jours, jusqu'à 3 000 autos étaient parquées dans les environs du parc de la Citadelle. C'était un phénomène jamais vu à une époque où la possession d'une voiture était encore réservée à une minorité.

Photographie d'ensemble des Floralies gantoises en 1933. Plus de 8 000 plantes étaient réunies dans le palais des Azalées. L'Azalea indica continua à attirer l'attention par ses plus belles variétés, mais les clivias, les lauriers, les orchidées et les camélias furent également très appréciés du public.

Dans le grand hall, ou palais des azalées, 8.000 plantes furent réunies, parmi lesquelles les variétés « Pink Pearl », « Élisabeth », « Madame Petrick » et « Apollo ». Les camélias n'étaient pas oubliés. Ils furent présentés par les firmes V. De Bisschop et Sander & Zoon. L'entreprise Hartmann exposa de splendides lauriers. Dans la serre chaude, le public put admirer les magnifiques orchidées de Firmin Lambeau.

Le roi Léopold III (1901-1983) inaugura les Floralies de 1938 en compagnie de la princesse Joséphine-Charlotte (1927-2005) et du prince Charles (1903-1983). Malgré les menaces de guerre, cette exposition, conçue par Henri Bourgeois, put présenter un palmarès remarquable.
Le grand hall resplendissait grâce aux centaines d'azalées des cultivateurs gantois. Dans la serre, des orchidées et des plantes tropicales étaient disposées entre des pièces d'eau, des fontaines et des miroirs géants.
Il y avait aussi un salon consacré au clivia. Les Néerlandais, la ville d'Anvers et le Boerenbond possédaient leur propre section.
Plus de cinquante sociétés musicales prirent part avec enthousiasme au festival de musique, comme si elles voulaient couvrir les premiers coups de canon.

Le prince Léopold (1901-1983) et son épouse la princesse Astrid aux Floralies gantoises de 1933. En 1934, Léopold devint roi suite au décès de son père, Albert Ier (1875-1934). La reine Astrid perdit la vie dans un accident de voiture l'année suivante.

Carton publicitaire pour les Floralies gantoises de 1938.

Carton publicitaire pour les Floralies gantoises de 1950. Ces Floralies introduisirent une série de nouvelles trouvailles techniques, comme l'éclairage fluorescent. L'exposition offrit aussi à de nombreux horticulteurs l'occasion de nouer des contacts à l'échelle internationale.

Vue des Floralies gantoises de 1950. La grande salle était à nouveau réservée aux azalées. Des collections de serres froides formaient l'arrière-plan: dracoenas, clivias, mimosas et plantes d'orangerie.

APRÈS LA SECONDE GUERRE MONDIALE

Les premières Floralies eurent lieu en 1950. Elles furent préparées par Alfred Vander Stegen (1869-1959), qui avait succédé à André de Kerchove de Denterghem en 1945. Le projet fut fourni par Henri Bourgeois, directeur du Service des parcs et jardins de Gand. À nouveau, la grande salle « des azalées » fut consacrée à cette culture typiquement gantoise. Plus de 150 pyramides d'orchidées, un vaste étang central et d'épais gazons donnaient du relief à cette salle. Le soir, les salles d'exposition pouvaient être visitées sous éclairage fluorescent, une primeur à l'époque. En 1951, le comte Jacques de Kerchove de Denterghem prit la présidence de la Société.

Les grandes tendances propres aux Floralies des décennies suivantes étaient ainsi lancées. En 1955, ce fut l'ingénieur agronome Willy Redel qui s'occupa des plans. Un baldaquin de tentures blanches et bleu ciel, sur lequel les azalées rouges, roses et blanches de toutes nuances formaient un contraste éclatant, constituait le centre du décor. La salle des azalées offrait une vision céleste.

Cinq ans plus tard en 1960, la disposition des lieux fut conçue par le même architecte, mais de manière plus ludique. Les Floralies avaient à présent une surface de 23.569 m², dont 1.129 m² de pièces d'eau. Le sentier serpentant à travers la profusion de fleurs mesurait 1.450 m de long, assez pour profiter de plusieurs heures de pur plaisir floral. Les exposants purent participer à 914 concours.

Lors des Floralies de 1965, les organisateurs furent à nouveau confrontés au manque de place; en effet, les participants étaient de plus en plus nombreux. L'administration communale fit donc construire un nouveau bâtiment contre le mur est de la salle des azalées. La superficie augmenta de 4.000 m² environ. Enfin, une tente provisoire offrit un espace supplémentaire de 2.160 m².

Accueil du roi Baudouin (1930-1993) aux Floralies gantoises de 1955.

Quelques mois auparavant, la serre chaude avait en effet été détruite par un incendie. Pendant l'exposition de 1965, les visiteurs suivaient un sentier de 1.350 m. Cette fois, 20.994 m^2 étaient occupés par les fleurs, 900 m^2 par les pièces d'eau. Près de la sortie, les Amis de la rose avaient construit un stand très remarqué. Le prix du roi fut attribué à Wichmann, un cultivateur d'orchidées de Celle.

Détail des Floralies gantoises de 1960. Ces Floralies avaient une superficie de 23.569 m^2, dont 15.584 m de fleurs et de plantes et 1.129 m^2 de pièces d'eau. Le circuit s'étendait sur 1.450 m de long.

Enveloppe affranchie avec le timbre spécial émis pour les Floralies gantoises de 1965. Lors de cette manifestation, les visiteurs parcoururent un circuit de 1.350 m le long de 20.994 m² de plantes et de fleurs. Les pièces d'eau couvraient 900 m².

LES PLUS BEAUX JARDINS DU MONDE : 1970, 1975, 1980

Les Floralies de 1970 furent décrites comme les plus beaux jardins du monde. Elles avaient été préparées sous la direction du président, le comte Jacques de Kerchove de Denterghem. Willy Redel en fit à nouveau le plan. Cette fois, il suivit des lignes droites et sévères. Le nouveau palais des sports, ou « Kuipke », offrit une surface supplémentaire de 5.628 m². L'azalée fut, une fois de plus, la reine incontestée. Dans le grand hall, les plantes étaient disposées à la manière d'une œuvre de l'artiste français d'origine hongroise Vasarely (1908-1997).
Tant l'Association des fleuristes belges que la Chambre syndicale des entrepreneurs de jardin offrirent à leurs membres l'occasion de participer par le biais d'un stand collectif. Le TUCO, une société d'exportation groupant une soixantaine de membres, travailla de la même façon. C'était une solution à la surabondance de participants des Floralies précédentes. Treize pays avaient un stand, parmi lesquelles un nouveau venu : l'Inde.

Aux Floralies de 1975, la promenade s'étendait sur 1.800 m de long. La salle principale était conçue en style paysager. Ce projet représentait en quelque sorte l'examen d'entrée du nouveau directeur du Service des parcs et des jardins, l'ingénieur Guido Vyncke (°1939), qui ajouterait à son palmarès les Floralies de 1980, 1985, 1990 et 1995. Des azalées multicolores et abondamment fleuries entouraient un plan d'eau central dégageant une impression de paix. L'inauguration solennelle par le roi eut lieu dans la salle du nouveau centre des Congrès de Gand.

Les Floralies 1980 furent officiellement ouvertes le 28 avril par le roi Baudouin (1930-1993) et la reine Fabiola (°1928). Le couple royal fut accompagné dans sa promenade par le

Carton publicitaire pour les Floralies gantoises de 1970.

Détail des Floralies gantoises de 1970. En plus de la grande salle des azalées, le palais des sports offrait la possibilité d'exposer 5.628 m² de plantes de serres chaudes.

comte André de Kerchove de Denterghem (°1947), qui, depuis 1977, remplaçait son oncle, et par le secrétaire général de la Société Royale, Joseph T'Sjoen. Long de 1.522 m, un sentier serpentait dans un paysage légèrement vallonné de 20.659 m², dans lesquels étaient répartis 2.500 points lumineux d'une intensité de 700 lux. Un pont de 20 m de long offrait au public de magnifiques perspectives. Guido Vyncke avait groupé les plantes selon leurs exigences climatologiques. De cette façon, les collections pouvaient être mieux soignées durant l'exposition. L'Union royale des Fleuristes de Belgique créa des compositions uniques de fleurs coupées, que l'on exposa dans cinq pergolas. La société coopérative Produco, qui gérait les ventes de Wetteren, d'Anvers (Edegem) et de Saint-Nicolas, était largement représentée. Après une longue absence, le Royaume-Uni avait à nouveau un stand. La République populaire de Chine participait également avec une collection de bonsaïs.

Les galeries du premier étage n'étaient pas inclues dans le circuit. Pour la première fois, on y organisa une bourse de plantes, appelée Plantinfo, où les producteurs horticoles et les exportateurs exposaient un large assortiment de plantes ornementales à des fins commerciales.

Vue des Floralies gantoises de 1975. L'utilisation d'éléments ludiques variés (vases géants, murets, etc.) dans un ensemble paysager articulé autour d'un étang irrégulier donna à cette édition une allure très moderne.

Enveloppe affranchie avec le timbre émis à l'occasion des Floralies gantoises de 1985. Pendant cette exposition internationale, la grande salle et la serre chaude permirent toutes deux aux visiteurs de voir les fleurs et les plantes de façon panoramique, depuis une hauteur de 2 à 3 mètres.

Page d'honneur de la Société royale d'agriculture et de botanique, portant la signature de la princesse Grace de Monaco (1929-1982), qui visita les Floralies gantoises en 1975.

LE PALAIS DES FLORALIES TROP PETIT, DIFFICULTÉS DE PARKING – 1985

Conformément à la tradition, le roi et la reine inaugurèrent les Floralies de 1985. Du haut d'une esplanade de 3 m, le visiteur avait une vue d'ensemble de la composition réalisée dans la salle des azalées. Le public pouvait y suivre un sentier très sinueux de 1.536 m le long des stands belges. Deux ponts leur permettaient de se croiser à deux reprises sans dérangement. La participation nationale était signalée visuellement par une dizaine d'« objets floraux » sur lesquels des fleurs coupées étaient artistiquement disposées. Le parcours devenait plus rectiligne dans la partie des stands étrangers. Les États-Unis présentaient un stand dédié à la Floride, dessiné par Robert Hartwig, un designer de renommée mondiale. Celui-ci utilisa des plantes dont les horticulteurs de l'État voulaient stimuler l'exportation, comme le *Cycas circinalis*, le *Chamaedorea seifrizzi*, le *Ficus nitida* et le *Phoenix roebelenii*. Les galeries, enfin, étaient occupées par la deuxième édition de la bourse Plantinfo.
De nouveau, cet événement floral fut victime du trop grand nombre de participants et d'exposants. Il n'y avait pratiquement plus aucune place de parking à trouver dans les environs.

Quelques phases de la construction des Floralies gantoises de 1985.

DÉMÉNAGEMENT VERS LE FLANDERS EXPO, À SINT-DENIJS-WESTREM – 1990

Les 30e Floralies gantoises se présentèrent sous un tout autre jour. L'ancien palais, si familier, n'était plus disponible. Pour la première fois, l'édition 1990 fut organisée dans les toutes nouvelles halles du Flanders Expo, à Sint-Denijs-Westrem, offrant 4 hectares de surface utilisable. La salle principale (228 sur 84 m) et les six salles annexes, chacune de 84 sur 48 m, furent transformées en un immense jardin fleuri. À cet endroit, parquer n'était plus un problème. Guido Vyncke, l'auteur du projet, avait choisi d'aménager cet immense jardin intérieur selon un style paysager libre.

Un parcours de 1.679 m y était tracé. Inaugurant l'exposition le 20 avril, le roi Baudouin et la reine Fabiola furent remplis d'admiration pour cette impressionnante manifestation, construite en quelques semaines à peine. L'apport de 17.000 m^3 de terre franche permit de créer des différences de niveau afin que les plantes et les fleurs puissent être vues de manière optimale depuis le sentier de promenade. Le calme et l'espace adéquats furent créés grâce à quelque 8.000 m^2 de gazon. Dans la grande salle, où les azalées étaient disposées en une pyramide de 1,90 à 2 m, on installa deux grands étangs avec fontaines et chute d'eau translucide. Les plantes aquatiques en fleur formaient un jeu de miroir unique avec les pièces d'eau. Les grandes organisations professionnelles, comme le Syndicat Belge des Producteurs et Marchands d'Azalées, la société coopérative Produco, la Chambre Syndicale de l'Horticulture Belge, le TUCO, la Fédération des Horticulteurs, ainsi que celle des Pépiniéristes et des Entrepreneurs de Jardin, participèrent à titre collectif. À côté de cela, des cultivateurs individuels présentaient

Le roi Baudouin et la reine Fabiola signent le livre d'or des Floralies gantoises de 1990. À droite, le comte André de Kerchove de Denterghem, président de la Société royale d'agriculture et de botanique. Ces Floralies étaient les premières à être organisées dans les nouveaux bâtiments du Flanders Expo, à Sint-Denijs-Westrem.

également le meilleur de leur production. De vastes stands étaient consacrés aux plantes d'intérieur, aux cactées et aux succulentes, aux fleurs coupées de toutes espèces, du gerbera au chrysanthème en passant par les tulipes et les narcisses, aux plantes aquatiques comme les nénuphars, et, bien entendu, aux orchidées. Enfin, les instituts d'enseignement étaient également représentés. Des structures semblables à des moudhifs assuraient un lien entre lignes verticales et horizontales. Faits de roseaux en fagots, les moudhifs sont des huttes typiques de la région du Tigre et de l'Euphrate. Ces fagots peuvent être pliés pour former des arcs surbaissés. En juxtaposant ceux-ci, on réalisa une construction à laquelle des fleurs pouvaient être intégrées. Parmi les nombreux participants de cette année-là, nous mentionnerons la Côte d'Ivoire, le Costa-Rica, l'Allemagne, le Danemark, l'Espagne, l'Estonie, la France, le Royaume-Uni, l'Italie, Monaco et les Pays-Bas.

LES FLORALIES DE 1995 MOINS FRÉQUENTÉES QUE PRÉVU

En 1995, le grand hall du Flanders Expo et ses six annexes, 4,34 ha au total, constituèrent à nouveau l'attraction majeure de dix journées de plaisir floral. Pour donner du relief à cet ensemble, 1.560 camions y avaient charrié 26.500 m^3 de terre.
Les Floralies furent inaugurées le 21 avril 1995 par le roi Albert II (°1934) et la reine Paola (°1937). Long de 1.893 m, le sentier sinueux de l'exposition s'élevait à trois endroits, permettant aux visiteurs royaux de profiter pleinement d'un spectacle à couper le souffle. Deux ponts, dont un de 30 m, offraient des perspectives inattendues. Une fois de plus, des azalées aux tons délicats jouaient un rôle central dans le grand hall, qui abritait aussi un mur végétal fait d'arbres choisis.
Parmi les nouvelles variétés, l'azalée pyramidale fit sensation. Elle était le résultat d'une patiente hybridation entre le *Noriakanum* et une variété naturellement pyramidale originaire de Taiwan. Il y avait également des azalées dans les annexes, mais uniquement en accompagnement d'autres plantes et fleurs. Deux salles étaient occupées par les participants étrangers. Le stand du Japon y fut

Vue des Floralies gantoises de 2000. Plusieurs dizaines de milliers de visiteurs admirèrent les azalées pyramidales. Ces Floralies furent, avec leur 300.000 visiteurs, un énorme succès.

Les stands Floralideeën, aux Floralies gantoises de 2000. Floralideeën était une nouvelle initiative, mettant l'accent sur l'information concernant les fleurs, les plantes et l'architecture de jardin.

particulièrement remarqué. Comme à chaque édition, plusieurs nouveautés furent également présentées au public. Mais même si 485 journalistes venus de 15 pays visitèrent et commentèrent l'exposition, ces Floralies n'attirèrent « que » 250.000 visiteurs alors que l'on en avait espéré 300.000. Peut mieux faire !

CHANGEMENTS FONDAMENTAUX POUR LES FLORALIES 2000

Juste après l'édition de 1995, le nouveau secrétaire général, Roland De Wulf entreprit d'analyser l'événement en profondeur. Il était clair que les Floralies devaient subir quelques changements fondamentaux. On décida donc de faire appel non pas à un seul concepteur, mais à toute une équipe. Pour mieux informer le consommateur, on instaura une section informative et commerciale baptisée *Floralideeën*. En outre, la direction estima que les entreprises et les commerçants devaient bénéficier d'opportunités supplémentaires pour promouvoir leur production. Quant aux visiteurs potentiels, ils devaient pouvoir faire leurs réservations et s'informer bien à l'avance sur l'événement.

Pour attirer le public, un tapis de fleurs fut aménagé, dès septembre 1999, sur le *Kouter*. Quatre cent milles bégonias firent briller la ville de mille couleurs. Du 10 décembre au 15 janvier, l'aula de l'université accueillit une exposition historique intitulée « Trésors et archives des Floralies » et, du 1er au 30 avril 2000, un concours d'étalages fut organisé pour tous les magasins du centre.
L'équipe de concepteurs, composée des architectes de jardin Hendrik De Vis, de Merelbeke, et Luc Wellens, du Service des parcs et jardins ainsi que du fleuriste Jacques Toebaert, fut chargée de traduire dans la forme le renouvellement souhaité. Le parcours, long de 1.850 m, fut conçu comme une promenade dans un paysage arcadien, d'après la légendaire Arcadie de la Grèce antique. Pour obtenir cet effet, on veilla à effacer les séparations strictes entre plantes et fleurs présentes lors des expositions précédentes. L'unité spatiale du grand hall fut soulignée par une disposition rythmée d'objets métalliques et une répartition équilibrée des divers arbres et massifs. Trois grands étangs avec rideaux d'eau assuraient l'effet de surprise.
L'Italie transporta le public d'admiration avec un montage d'azalées géant.
Le 21 avril, les Floralies 2000 furent solennellement inaugurées par le prince Philippe (1960) et son épouse, la princesse Mathilde (1973). Après un parcours à travers les étendues de fleurs du grand hall, les visiteurs furent guidés parmi les stands étrangers. Douze pays prirent part au concours international. Le Japon s'illustra par une brillante collection de bonsaïs. La France présenta des cactus. Le Danemark exposa un éventail de plantes hautes en couleurs, le Canada des fleurs printanières, l'Allemagne des rhododendrons et des plantes de pépinières. L'Italie s'était spécialisée dans les azalées pyramidales et les Pays-Bas prouvèrent une fois de plus qu'ils étaient les grands spécialistes des bulbes. L'Afrique du Sud se distingua grâce au *Protea aristata* et à l'*Heliconia*. La Chine présenta ses bonsaïs dans un décor typiquement oriental. Les États-Unis participèrent à ces Floralies avec des plantes tropicales et subtropicales de Floride. Le Royaume-Uni proposa un choix de milliers de plantes cultivées. Gand avait aussi invité ses cités-sœurs, en l'occurrence

La visite de la reine Fabiola aux Floralies gantoises de 2000. Aux côtés de la reine: Roland De Wulf, secrétaire général de la Société royale d'agriculture et de botanique, et le comte André de Kerchove de Denterghem, président.

Tallinn (Estonie), Kanazawa (Japon), Wiesbaden (Allemagne), Saint-Raphaël (France) et Nottingham (Royaume-Uni), à participer à l'exposition. Chacune disposait de 30 m² pour se présenter sous forme de fleurs et de plantes. Dans une autre salle, on exposa des plantes d'intérieur dans un décor de temples mayas où leur milieu naturel était évoqué par toutes sortes d'animaux, tels des iguanes et des serpents. Un peu plus loin, on trouvait les fleurs coupées. Un endroit séparé, peu éclairé, abritait les créations magistrales de 25 compositeurs floraux belges connus. Et, bien entendu, une salle était, selon la tradition, réservée aux orchidées et aux broméliacées.
Pour la première fois, les visiteurs purent faire la connaissance de dix splendides « jardins du XXIe siècle ». Les horticulteurs et les participants étrangers, quant à eux, purent prendre part à quelque 750 concours. Un jury international de 213 membres jugea les 2.500 envois.
Dans le cadre de la bourse *Floralideeën*, un stand d'information de 300 m² fut équipé de six ordinateurs afin de pouvoir répondre aux questions du public sur les fleurs, les plantes et l'architecture de jardin. Les Floralies gantoises accueillirent plus 300.000 visiteurs. Cette fois, l'objectif était atteint !

LES FLORALIES 2005

Du vendredi 15 avril au dimanche 24 avril, le public est invité à découvrir la nouvelle édition des Floralies gantoises. Dix jours durant, des horticulteurs du monde entier exposent leurs plus belles fleurs et plantes dans un immense jardin d'intérieur aménagé au Flanders Expo de Gand. Une promenade de 1.800 m y conduit le visiteur à travers une symphonie unique, inédite, de parfums et de couleurs. Une nouvelle fois, de nombreuses nouveautés seront présentées, ainsi que des hybrides récents, véritables joyaux botaniques !
Horticulteurs, fleuristes, architectes et entrepreneurs de jardin de tous horizons présentent leurs réalisations dans divers jardins thématiques.
Naturellement, les aspects pratiques sont également pris en compte. Grâce à la bourse *Floralideeën*, aménager ou rénover un jardin est devenu un jeu d'enfant. Les amateurs pourront, grâce une offre sans cesse plus riche, s'en donner à cœur joie. Il leur sera possible de s'adresser directement aux nombreux horticulteurs et spécialistes présents pour obtenir des informations et acheter fleurs, plantes et matériel de leurs rêves. En collaboration avec les Floralies gantoises et d'autres organismes, l'Office du tourisme de Flandre orientale présentera, matins et après-midis, une série de programmes consacrés aux fleurs et aux plantes : la nature dans la ville, les fleurs dans l'art religieux, une exposition historique sur les roses anciennes, la flore dans le design, les motifs floraux dans les tapisseries anciennes d'Audenaerde, etc.

L'extraordinaire jardin que l'on peut visiter à Gand tous les cinq ans a beau avoir pris une dimension mondiale, il reste surtout le résultat du soin continuel que des milliers d'horticulteurs prodiguent chaque jour aux plantes qu'ils cultivent. Les Floralies gantoises témoignent du travail de ces milliers de mains. Elles sont la perle que Gand, la Belgique et l'Europe offrent avec fierté au monde.

Création florale de Frederiek Van Pamel, l'un des 24 compositeurs floraux présent aux Floralies de l'an 2000.

Les bâtiments de l'exposition pendant les Floralies gantoises de 2000.

[BIBLIOGRAPHIE SÉLECTIVE]

André Edouard, *L'Amérique Equinoxiale (Colombie - Equateur - Pérou), Connaissance et Mémoires Européennes.* Société Nationale d'Horticulture de France, s.l., 1999.

André Florence et De Courtois Stéphanie, Edouard André (1840-1911), *un paysagiste botaniste sur les chemins du monde,* Paris, 2001.

Balis Jan et Lawalrée André, *L'Orchidée en Belgique,* Bibliothèque Royale, Bruxelles, 1961.

Balis Jan, *De Roos in beeld,* Bibliothèque Royale, Bruxelles-Anvers, 1966.

Balis Jan, *Hortus Belgicus,* Bibliothèque Royale, Bruxelles, 1962.

Blunt Wilfrid et Stearn William, *The art of botanical illustration,* Antique Collectors' Club - The Royal Botanic Gardens Kew, Londres, 1995.

Bogaert-Damin Anne-Marie et Piron Jacques A., *Images de Jardins du XVIe au XXe siècle dans les collections de la Bibliothèque Universitaire Moretus Plantin,* Namur, 1996.

Bonnechere Pierre et Odile De Bruyn, *L'art et l'âme des jardins,* Fonds Mercator, Anvers, 1998.

Catalogue des livres, des herbiers et des albums de la bibliothèque appartenant à la Koninklijke Maatschappij voor Landbouw en Plantkunde te Gent, Gentse Floraliën, Gand, s. d.

Debersaques Lucien, De Herdt René, Viane Ronald, *Schatten en Archieven van de Floraliën,* Gentse Floraliën, Gand, 1999.

De Herdt, René, *Tuinen van Eden, van keizer Karel tot heden,* Museum voor Industriële Archeologie en Textiel, Gand, 2000.

De Herdt René, *Gentse Floraliën. Sierteelt in Vlaanderen,* Stichting Mens en Cultuur, Gand, 1990.

De Herdt René, *Floralies gantoises et floriculture en Belgique,* Editions Erasme, Namur, 1994.

De Herdt René e.a., *Gemengd Boeket. Zes tentoonstellingen rond bloemen,* Museum voor Industriële Archeologie en Textiel, Gand, 1985.

De Raedt Albert et De Groote Sabine, *De Harde Gentse Azalea. Een historisch overzicht,* Gavere, 2000.

De Wael Jos et Marcel Meeus, *De Koninklijke Maatschappij voor Landbouw en Plantkunde te Gent. De Gentse Floraliën,* Gand, s.d.

Ellison Don, *Les Camélias. Un dictionnaire photographique,* Editions Champflour, Marly-le-Roi (France), 1997.

Galle Fred. C., *Azaleas. Revised and Enlarged Edition,* Timber Press, Portland, Oregon, 1995 (reprint).

Goethals Heide et Schuit Frans, *Bladverliezende Azalea's. De Glorie van Boskoop en Gent in Hedendaagse Tuinen en Parken,* Kosmos-Z&K Uitgevers, Utrecht-Anvers, 1999.

Heursel Jozef, *Azalea's. Oorsprong, veredeling en cultivars,* Editions Lannoo, Tielt, 1999.

Macoboy, *The Colour Dictionary of Camellias,* Stirling Macoboy Books, Stirling (Australie), 1992.

Nissen Claus, *Die Botanische Buchillustration. Ihre Geschichte und Bibliographie,* Anton Hiersemann, Stuttgart, 1966.

Paterson Allen, *The history of the Rose,* William Collins Sons and Co, Glasgow, 1983.

Podevijn Dirk, Charles Vuylsteke Sr. et Jr., *Fine Fleur van de Belgische Sierteelt* (1867-1937), Copyright Raphaël Vuylsteke, Gand, 1995.

Salvi Claudia, *Pierre-Joseph Redouté, Le Prince des Fleurs,* La Renaissance du Livre, Tournai, 1999.

Stafleu Frans A. et Cowan Richard S., *Taxonomic literature. A selective guide to botanical publications and collections with dates, commentaries and types,* Bohn, Scheltema & Holema, Utrecht, 1976 e.v.

Trivier L., *100 Jaar in dienst van de tuinbouw,* Syndicale Kamer der Belgische Tuinbouwers, Gand, 1980.

Van Damme-Sellier J., *Histoire de la Société Royale d'Agriculture et de Botanique de Gand,* Gand, 1861.

Van Geert J., *Schets van den Gentschen bloemhandel sedert het begin dezer eeuw,* Gand, 1870.

Van Onsem J.G., *Geschiedenis van de bloementeelt in Oost-Vlaanderen,* Provincie Oost-Vlaanderen, Gand, 1950.

Verdegem Ingrid, Oeillet Flamand. *De verleiding van de oude roos,* Vereniging voor Industriële Archeologie en Textiel vzw, Gand, 2005.

Viane Ronald L. et Van den Heede Caroline J., *200 Jaar Plantentuin Gent, Plantentuin Universiteit Gent,* Gand, 2000.

Willis J.C., *A dictionary of the flowering plants and ferns,* Cambridge, University Press, 1966.

{2}

MAÎTRE-FLEURISTES

PATRICIA DE CORTE - PHOTOS PHILIPPE DEBEERST

//

DANIËL OST

DANIËL OST dit souvent que l'homme, fasciné par la splendeur des fleurs, cultive depuis la nuit des temps l'art des compositions florales afin de se rapprocher de la nature et de pouvoir, ainsi, l'admirer davantage.

Cette perception de la nature, celle qui naît de la terre, qui sous l'action du vent, de la pluie ou de la neige, infléchit le tracé d'un arbre ou d'une branche, pour toujours ou pour un instant, qui fait briller une goutte d'eau, qui raconte l'originalité d'un lieu et de son climat, s'imprègne à jamais dans la mémoire de Daniël Ost. Cette interpellation fugitive deviendra une métaphore, une parmi celles qu'il emploie pour transcender le matériel végétal en évocation poétique. L'image intervient alors pour donner à la création encore en vie son sésame pour l'éternité. «Notre métier est un combat sans espoir contre la mort. Nous déployons des trésors d'imagination et de technique pour ralentir ses effets. Toute composition a un sommet, le moment idoine où la photographie intervient pour lui donner une nouvelle dimension, qui se traduit en chose imprimée. »
Plusieurs monographies ont rendu compte de l'œuvre vivante de Daniël Ost. *Feuilles et Fleurs 1, 2 et 3* ont établi un inventaire raisonné du meilleur de ce qu'il a pu réaliser, de Sint-Niklaas à New York en passant par Paris ou Kyoto. *Invitations* évoque la rencontre de son art avec la fête. *Remaining Flowers* correspond à une série de coups de cœur, à une promenade dans son univers, qu'il soit d'Orient ou d'Occident.

Difficile, dès lors, d'éviter l'incontournable question :
« Alors Daniël Ost, vous sentez-vous oriental ou occidental ? »
« On dit que dans le monde occidental on travaille avec le corps et la couleur des fleurs et qu'au Japon, on travaille avec leur âme. Il faut arriver à un équilibre parfait entre les deux mondes. Toutes les choses de la vie ont un côté soleil et un côté ombre. Même si je suis connu au Japon, je ne serai jamais Japonais. Je suis un enfant de la Flandre, celle de Bruegel de Velours ou des peintres de fleurs du XVIIe siècle ». Ce pays qui l'a vu naître et grandir a aussi marqué l'histoire de l'horticulture mondiale. « Les Floralies gantoises sont l'expression contemporaine du dynamisme de ce secteur. Elles poursuivent avec détermination le travail commencé voici près de deux siècles, avec l'organisation de la première exposition en 1809 à Gand par la Société royale d'Agriculture et de Botanique. De ce point de vue, le XIXe siècle a livré de prodigieuses décennies. Songez par exemple à l'érudition de la *Flore des serres* et des *Jardins de l'Europe*, de Louis Van Houtte ou à la *Nouvelle iconographie des camélias* d'Alexandre Verschaffelt. Ce dynamisme nous transporte aujourd'hui encore lorsque, en parfaite symbiose avec la Société royale d'Agriculture et de Botanique, nous pouvons offrir au monde les images de rêve des deux derniers mariages princiers que notre pays ait connus.
C'est dans cette perspective que je vois toute l'importance d'un événement-phare comme les Floralies gantoises. »

Le pavot et le lotus sont les fleurs préférées de Daniël Ost. Les pavots, en particulier les coquelicots de Flandre, ont quelque chose de fragile. Leurs pétales plus fins que le papier les rendent vulnérables et difficiles à utiliser. Le fait qu'ils fleurissent près des anciennes tranchées de guerre les désigne symboles de vie et de mort. Ils sont aussi des odes à la tendresse.
Quant au lotus, il est la ballerine du monde des fleurs. Il symbolise la naissance et la pureté. Sa semence peut encore germer après 2000 ans. Daniël Ost est fasciné par cette fleur depuis qu'il a lu un conte de la reine Fabiola intitulé « Le lotus indien ». Plus tard, des travaux réalisés en Orient lui ont donné l'occasion d'apprendre à mieux connaître et apprécier cette fleur splendide.

DANIËL OST - O.L. VROUWPLEIN 26 - 9100 SINT-NIKLAAS - TÉL. 03 776 17 15 - FAX 03 778 13 58 - INFO@DANIELOST.BE - WWW.DANIELOST.BE
RUE ROYALE 13 - 1000 BRUXELLES - TÉL. 02 217 29 17 - FAX 02 217 31 99 - RUEROYALE@DANIELOST.BE

2/

GUDRUN COTTENIER

[Née en 1968]

GUDRUN COTTENIER a une grande passion pour les fleurs et les plantes et elle la réalise pleinement, tant dans ses créations que dans ses cours.

[Prestations particulières]

Les prestations particulières sont, pour la fleuriste, synonymes de reconnaissance pour son travail créatif et artistique. Elle a trouvé un encouragement à sa formation future dans la participation à la Tuinexpo du K.T.L.M.A. (1988), ou elle a remporté le prix du public avec ses amies. À peine s'était-elle lancée comme indépendante complémentaire qu'elle a organisé, avec son mari, Nico Bostoen, une première démonstration florale de Noël, en 1993. Le résultat - 350 spectateurs enthousiastes - a définitivement lancé son affaire, « De Groene Verbeelding ». Gudrun n'oubliera pas non plus sa participation en tant que fleuriste professionnel aux Floralies gantoises et aux Floralideeën 2000, à la réalisation des décors du sommet européen de Gand (2001), aux reportages pour revues spécialisées, pas plus que sa collaboration aux émissions de jardinage les plus connues de Flandre. En 2004, Gudrun et Nico ont publié *De Groene Verbeelding, een bloemstuk uit je eigen tuin,* (« L'imagination verte, un montage floral avec le matériel de votre jardin »), qui établit un trait d'union entre jardin et art floral.

[Fleur préférée]

Choisir une fleur préférée lui est extrêmement difficile. La beauté de toute fleur est éphémère. Gudrun aime le côté frêle et fugace des fleurs saisonnières, qu'elle intègre volontiers à ses compositions. L'une de ses préférées est le *Papaver nudicaule*, ou pavot d'Islande.

[Floralies gantoises]

Les Floralies gantoises représentent à la fois une marque d'honneur et un stimulant pour le secteur des fleurs et des plantes. « Une initiative collective précieuse pour notre branche », souligne Gudrun Cottenier.

Pavots ardents

Gudrun Cottenier ne cherche pas l'inspiration. Elle la trouve sur son chemin : auprès des gens, dans la nature, au jardin, à des moments et à des endroits précis.
Un soir d'hiver, une corbeille en osier posée à côté du feu ouvert frappe la fleuriste par sa beauté. Il ne lui en faut pas plus pour donner naissance à une œuvre.
Avec légèreté et équilibre, Gudrun garnit la corbeille de pavots, une de ses fleurs favorites. Ils s'enflamment aussitôt.Mais la fleuriste veut aussi de la finesse dans la finition. Elle remplit le montage d'herbes qu'elle plie çà et là. Aux extrémités des brins, elle colle une baie brune d'*Hypericum*. Une composition pleine de simplicité naturelle, dans laquelle les fleurs peuvent rester telles qu'elles sont.

GUDRUN COTTENIER - DE GROENE VERBEELDING

KEIRESTRAAT 24 - 9700 OUDENAARDE (MATER) - TÉL. 055 45 55 25 - FAX 055 45 55 25 - GUDRUN.COTTENIER@SCARLET.BE - WWW.DEGROENEVERBEELDING.COM

3/

REGINALD DAMMAN

[Né en1962]

REGINALD DAMMAN voit en la nature une importante source d'inspiration pour son travail.
L'art floral est un acte créatif dans lequel le cycle des fleurs et des plantes au fil des saisons joue un rôle central.

[Prestations particulières]

Les prestations particulières chères à Reginald sont l'obtention en Allemagne, d'un diplôme de maîtrise qui représentait un rêve d'enfant, ainsi qu'un triple titre de « vice-champion » de Belgique.
Le premier prix au Centre International de Formation en Art Floral de Paris était une surprise totale.
Ces concours, précisément, lui ont permis d'élargir ses connaissances et de rencontrer de très sympathiques collègues.
Si on parle d'expériences marquantes, ce sera le voyage à Taiwan en 1994, où il a donné pendant un mois des cours d'art floral, et ses relations avec Florademie, un groupe de collègues à la pointe dans le domaine.

[Fleur préférée]

Lorsque la pensée Irish Molly *(Viola sandersonii)*, sa fleur préférée n'est pas disponible, il se rabat sur l'orchidée du type *Dendrobium nobile,* dont les nombreuses variétés, la beauté des couleurs et la diversité de formes le charment. Le fleuriste évoque avec nostalgie l'époque où Bruges était célèbre pour ses cultures d'orchidées.

[Floralies gantoises]

Les Floralies gantoises sont à juste titre reconnues internationalement. En tant que petit pays, nous pouvons être fiers de cet événement. Pour Reginald, c'est l'occasion d'avoir une pensée reconnaissante pour son grand-père, qui y participait aussi.

Symbiose

Le fleuriste nous séduit avec l'une des plus belles variétés d'orchidées. Belle, pure et gracieuse. Le *Dendrobium nobile* existe en symbiose avec une moisissure qui lui permet de vivre de l'air du temps, ou presque.
L'un ne peut rien sans l'autre.
Reginald Damman a disposé les orchidées dans un récipient de verre.

Pour imiter l'habitat de la plante, il a entremêlé à celle-ci des branches et de la mousse. Il a aussi laissé les racines s'étendre librement à l'air.
Autour du vase, il a disposé des morceaux de bois et des rameaux enfilés.
Une touche finale qui fait de l'effet!

REGINALD DAMMAN - DAMMAN FLORIST - LEOPOLD-I-LAAN 86 - 8000 BRUGES - TÉL. 050 31 27 92 - FAX 050 31 00 75 - INFO@BLOEMENDAMMAN.BE

7/

KRISTOF DE WAELE

[Né en 1973]

KRISTOF DE WAELE aime les expérimentations à base de matériaux naturels vivants ou morts.
L'art floral, c'est oser donner forme, poursuivre une quête esthétique.

[Prestations particulières]

Le fleuriste considère comme des prestations particulières ses nombreuses démonstrations et reportages pour des magazines et revues spécialisés.
Chaque mission invite à une recherche créative : idée, choix des fleurs et de la verdure, technique, forme et construction. Les prix et concours, comme « Kristal, een feest voor bloemen » (Le cristal, une fête pour les fleurs, Courtrai) et le trophée « Wim Hazelaar Trofee », Aalsmeer, ont été pour Kristof des stimulants indéniables. Le happening annuel d'Alden Biesen constitue pour lui une rencontre passionnante entre compositeurs confirmés et débutants, une véritable Mecque pour les amateurs d'art floral.

[Fleur préférée]

Choisir une seule fleur préférée lui est impossible. Kristof De Waele trouve dans chacune des éléments de beauté qui la rendent unique.
En tant que fleuriste, il aime travailler en accord avec les saisons. Par exemple, il donne forme au printemps grâce au crocus. Du bulbe à la fleur, les crocus sont de passionnants matériaux. Leur croissance peut s'observer au jour le jour.

[Floralies gantoises]

Kristof décrit les Floralies gantoises comme un festival de couleurs et de parfums. Tant le visiteur que le fleuriste y expriment leur amour pour les plantes et les fleurs.

Fraîcheur printanière

Le printemps est tout entier dans le bulbe.
Le fleuriste veut le sortir de son sommeil hivernal.
Kristof De Waele est fasciné par les formes et les lignes rigides. Il tend vers un art floral épuré. Avec de la colle en spray, il élabore un montage d'aiguilles de pin. Prudemment, il place les bulbes de crocus dans le creux de sa création, où ils pourront éclore et fleurir. Chaque jour est un nouveau commencement.
Le printemps est né.

KRISTOF DE WAELE - BLOEMBINDERIJ KRISTOF DE WAELE

KAPELLESTRAAT 19 - 9800 DEINZE - TÉL. 09 282 07 58 - FAX 09 282 07 58 - KRISTOF.DE.WAELE@PANDORA.BE - WWW.KRISTOFDEWAELE.BE

5/

ANDRÉ DEGRAER

[Né en 1948]

ANDRÉ DEGRAER vit l'art floral comme une passion qui lui permet d'exprimer ses émotions et sa créativité. Dans ses arrangements, son attention se porte surtout sur la qualité, l'originalité et la touche de l'artiste.

[Prestations particulières]

Comme prestations particulières, le fleuriste retient les premiers prix obtenus lors des concours « Habillage floral d'un mannequin » (Union royale des fleuristes de Belgique, 1990), « Kristal, een feest voor bloemen » (Le cristal, une fête pour les fleurs, 1994) et « Hoed James Ensor » (Chapeau James Ensor, Ostende, 1999). La publication d'une série de créations dans l'ouvrage *Floral Masterpieces* (1996) et la participation aux Floralies gantoises 2000 ont également été des expériences inoubliables.

Par ailleurs, André Degraer a énormément apprécié sa collaboration aux décorations du mariage princier belge et les récents arrangements d'église réalisés pour une revue d'art floral.

[Fleur préférée]

Choisir une fleur préférée n'est pas simple. Le fleuriste aime toutes sortes d'espèces d'ici ou d'ailleurs.

Les fleurs sont avant tout le matériau précieux de son travail quotidien.

[Floralies gantoises]

Les Floralies gantoises proposent un défi, qui consiste à charmer un large public par une création novatrice.

Arabesque

En plus d'être fleuriste, André Degraer est aussi organiste. Son amour de la musique et de la danse se reflète dans son travail floral. L'arabesque est d'ailleurs synonyme de figure chorégraphique et d'ornement.

André choisit ses matériaux avec soin et de manière délibérée. Un morceau de tronc d'arbre forme la base d'une structure ondulante en branches d'*Aristolochia macrophylla*. Par-dessus, le fleuriste crée un mouvement élégant et capricieux grâce aux *Gloriosa*.

Le tableau est complété par des détails choisis : une feuille de *Platycerium* grande sur le haut, de l'*Eucalyptus* dans le creux du tronc et des lentilles d'eau sur l'eau entourant la souche. Le fleuriste remercie au passage sa muse musicale.

ANDRÉ DEGRAER - BLOEMENDAELE - KORTRIJKSESTRAAT 22 - 8020 OOSTKAMP - TÉL. 050 82 29 48 - FAX 050 82 43 11 - BLOEMENDAELE@SKYNET.BE

CARL DEPUYDT

[Né en 1969]

CARL DEPUYDT voit son travail comme une occasion d'exprimer sa créativité sous toutes ses formes. L'art floral implique de trouver des idées toujours neuves et de créer des combinaisons originales. La forme, la structure, la couleur et les matériaux se fondent en une surprenante composition.

[Prestations particulières]

Les prestations particulières correspondent pour le fleuriste à plusieurs défis : démonstrations de haut niveau dès son jeune âge, première étape internationale grâce à des présentations à Aalsmeer, cours pour des groupes de Coréens, montages pour plusieurs publications, cours à la Florademie, Floralies gantoises 2000. Chaque fois, il trouve dans ces opportunités un mélange de satisfaction et de reconnaissance.

[Fleur préférée]

Le fleuriste choisit sa fleur préférée en fonction des saisons. Dans l'œuvre de Carl Depuydt, la nature a le champ libre. Le type de la création détermine également son choix. Pour une forme précise, une fleur conviendra mieux qu'une autre.

[Floralies gantoises]

Les Floralies gantoises montrent au grand public le professionnalisme et la compétence des horticulteurs et fleuristes belges. Le plaisir des sens y fait la loi.

Cocon de verdure

Carl Depuydt apprécie la beauté.
Il dispose les *Phalaenopsis*, une ravissante variété d'orchidée, dans un cocon de coquillages, d'*Euphorbia*, de *Cryptomeria*, de petits concombres et de *Protea*.
Il crée une unité entre la splendide coupe de verre, l'écrin de coquillages, la végétation et les orchidées rayonnantes.

Les fleurs deviennent papillons.
Leurs couleurs et leurs formes sont irrésistibles.
Comment rester de marbre ?

CARL DEPUYDT - HOVENIERSTRAAT 9 - 8940 WERVIK - TÉL. 056 31 48 00 - FAX 056 31 48 00

r/

JOOST DESLOOVER

[Né en 1967]

JOOST DESLOOVER offre à la nature une place bien méritée dans son travail. Pour lui, l'art floral consiste en une relation privilégiée avec les fleurs et les plantes.

[Prestations particulières]

Parmi ses prestations particulières, Joost Desloover mentionne sa collaboration aux décors des noces du prince Philippe et de la princesse Mathilde, ainsi que du prince Laurent et de la princesse Claire. De tels projets festifs à grande échelle permettent de précieuses expériences.

Le fleuriste trouve de nouveaux défis dans le concours annuel. « Le cristal, une fête pour les fleurs », la création non commerciale réalisée pour les Floralies gantoises et les nombreuses démonstrations d'art floral sur des thèmes précis.

[Fleur préférée]

Sa fleur préférée, le *Phalaenopsis* est selon Joost l'une des orchidées les plus intéressantes sur le plan décoratif. Elle stimule la créativité et se conserve longtemps, tant comme fleur coupée que comme plante en pot. En outre, elle s'adapte parfaitement à tous les intérieurs, qu'ils soient classiques ou modernes.

[Floralies gantoises]

Les Floralies gantoises montrent au public qu'être fleuriste n'est pas un métier ordinaire, mais un art que l'on exerce avec le cœur et l'esprit. Une pure passion.

Tableau végétal

Il arrive au fleuriste de se transformer en peintre.
Joost Desloover dispose linéairement des matériaux naturels à la palette sobre et ajoute le *Phalaenopsis* en guise de touche colorée.
Les fleurs captent le regard à l'intérieur d'une construction de branches à laquelle est fixé l'*Amaranthus caudatus*
La ligne verticale est brisée par la forme ronde et joyeuse des orchidées.
Fine, naturelle et suggestive, cette peinture alternative s'adapte à tous les intérieurs.

JOOST DESLOOVER - BLOEMSIERKUNST DESLOOVER - CONCERTPLEIN 7 - 8680 KOEKELARE - TÉL. 051 58 20 10 - FAX 051 58 36 67

8/

ANNEKE GOESSENS

[Née en 1974]

ANNEKE GOESSENS exerce l'art de la composition florale avec un mélange de passion et de perfectionnisme. Cette activité lui permet de profiter chaque jour de la beauté des fleurs et de relever des défis sans cesse plus grands.

[Prestations particulières]

Dans la rubrique prestations particulières, on peut mentionner, dans sa carrière encore brève, la participation à de prestigieuses expositions comme les Journées de la rose au château G.C.C. Coloma à Leeuw-Saint-Pierre, le happening d'art floral d'Alden Biesen et les manifestations poétiques « Bloeiende woorden » (2002), « Woorden blijven b(l)oeien » (2003), « De Zevensprong » (2004) et « Dichter bij 7 » (2005). Elle n'oubliera pas non plus de si tôt sa rencontre privée avec la princesse Mathilde à l'occasion de la publication du livre *Bloeiende woorden*, ni la réalisation de décors floraux pour des concours, des émissions télévisées et des reportages dans diverses revues spécialisées.

[Fleur préférée]

La fleur préférée d'Anneke est la renoncule (*Ranunculus*). Pour elle, elle symbolise les principales valeurs de la vie: beauté, tendresse et amour.

[Floralies gantoises]

Les Floralies gantoises représentent le couronnement du travail de ces quatre dernières années. Après la réalisation des magnifiques recueils *Bloeiende woorden* et *De Zevensprong*, cet événement constitue une nouvelle consécration.

Tendresse

Une taille de l'*Euonymus alatus*, mieux connu sous le nom de fusain ailé, fournit à l'artiste de splendides rameaux. Anneke Goessens se met à l'ouvrage avec assurance. Il lui faudra des heures de travail pour trouver l'accomplissement créatif. La construction de branches, en fuseau, est prête à accueillir une soixantaine de renoncules, les favorites d'Anneke. Les baies de gui et le steelgrass donnent à cette composition équilibrée une note fine et légère. Le mariage de la beauté et de la tendresse.

ANNEKE GOESSENS - GOESSENS TUINCENTRUM BVBA
OPAAIGEM 26 - 9420 ERPE-MERE (AAIGEM) - TÉL. 053 62 32 32 - FAX 053 62 84 19 - TUINCENTRUM.GOESSENS@SKYNET.BE - WWW.TUINCENTRUMGOESSENS.BE

9/

SABINE NAUDTS-BOONE

[Née en 1967]

SABINE NAUDTS-BOONE aime travailler chaque jour avec de belles fleurs et des matériaux originaux et naturels. Son métier est une quête permanente de l'équilibre idéal entre la création libre et la réalisation des attentes du client.

[Prestations particulières]

Ses prestations particulières ont souvent pris la forme de missions personnelles spécifiques. Sabine en a une vision toute personnelle. C'est sans doute ce qui rend son travail si surprenant. Sabine Naudts-Boone: « Mon activité consiste essentiellement à travailler pour un cercle de clients. C'est là que je peux me donner pleinement et fournir de bonnes prestations en réalisant des bouquets de mariage spéciaux, un montage plein de caractère pour un adieu ou encore, la décoration d'un étalage. » De temps à autre, Sabine se laisse tenter par une démonstration, qui lui permet d'avoir la preuve que ses collègues apprécient son travail. La fleuriste a reçu une large reconnaissance lors des Floralies gantoises 2000. « La réussite d'une création à un tel niveau fait reculer vos limites et procure une grande satisfaction », souligne Sabine.

[Fleur préférée]

Par la pureté de sa forme, sa fleur préférée, le *Spathiphyllum*, se prête magnifiquement aux compositions florales de Sabine. Associée à d'autres matériaux, cette fleur a quelque chose de féerique et de dansant. On peut utiliser tant le jeune *Spathiphyllum* blanc que la fleur verte presque fanée. Ces qualités expliquent son succès dans l'art floral.

[Floralies gantoises]

Les Floralies gantoises offrent à Sabine une chance pratiquement unique de montrer le meilleur de son savoir-faire à un large public. Cet événement vaut qu'on s'y engage à fond.

Vivacité

La forme pure du vase, œuvre d'une une amie céramiste, a incité Sabine Naudts-Boone à la prolonger par des matériaux naturels. Les branches moussues du mélèze ont la même matière irrégulière que la céramique.
Lors de sa floraison, les fleurs blanches du *Spathiphyllum* virent lentement au vert. Le contraste entre les branches rudes, mortes, et les fins rouleaux de papier façonnés à la main tend vers l'harmonie parfaite.
En superposant et en assemblant les matériaux, la fleuriste crée un ensemble extrêmement décoratif.

SABINE NAUDTS-BOONE - BLOEMBINDERIJ NAUDTS-BOONE
DORP OOST 26 - 9080 LOCHRISTI - TÉL. 09 355 80 53 - FAX 09 355 22 27 - INFO@BLOEMBINDERIJNAUDTS.BE - WWW.BLOEMBINDERIJNAUDTS.BE

10/

BART NYS

[Né en 1966]

BART NYS décrit l'art floral comme une fenêtre ouverte sur le monde : contact avec la nature, beauté fugace des saisons, rencontres intéressantes, utilisation créative de matériaux naturels.

[Prestations particulières]

Pour lui, les prestations particulières commencent là où finit le travail quotidien du fleuriste.
L'obtention, à Vught, du titre d'« artiste floral reconnu » et les nombreuses démonstrations auxquelles il a participé à l'étranger ont permis à Bart Nys d'élargir son horizon professionnel.
Comme expériences intenses, il se souvient de la publication de son livre, *Bundeling*, du décor floral de la joyeuse entrée du prince Philippe et de la princesse Mathilde à l'hôtel de ville d'Herentals et de l'exposition « Licht uit, plant aan », un jeu unique entre fleurs, musique et éclairage, au domaine militaire d'Olen.

[Fleur préférée]

Bart Nys associe le choix de sa fleur préférée aux âges de la vie. Les fleurs correspondent à une période précise de l'année. Quoi de plus beau qu'un vase rempli de tulipes au printemps ou une brassée de chrysanthèmes en automne ?
Le fleuriste est à l'écoute de la nature. Il trouve toutes les fleurs intéressantes dès lors qu'elles sont utilisées à la bonne saison.

[Floralies gantoises]

Les Floralies gantoises sont un événement unique. Elles donnent une idée du travail intense fourni en matière d'art floral.

Fraîcheur printanière

Le fleuriste suit les cycles de l'année. Après l'hiver, il y a toujours un printemps.
Bart Nys choisit ses matériaux en fonction des saisons.
Il n'a pas besoin de beaucoup pour créer une atmosphère.
Deux coupes en terre, pleines de caractère, offrent un support parfait pour une construction de branches de *Juglans nigra* ou noyer noir.
L' *Helleborus orientalis*, frêle et charmant, trouve appui dans cette structure.
Les tiges de fleurs plongent directement dans l'eau, de manière à pouvoir y puiser un maximum d'humidité.
Le printemps demande des couleurs jeunes et fraîches. Les nuances vert doux de l'hellébore conviennent à merveille.
Le mouvement sinueux des branches donne à l'oeuvre une touche dynamique, voire dramatique.
Une hirondelle ne fait pas le printemps…

111/

GEERT PATTYN

[Né en 1957]

GEERT PATTYN collectionne les expériences de vie, qu'il traduit ensuite par touches personnelles dans son travail floral. Il veut condenser en un geste parfait toute la beauté que la nature peut nous offrir.

[Prestations particulières]

Pour lui, les prestations particulières sont souvent liées à des espaces ou à des décors précis.
Geert Pattyn pense par exemple à la création d'un échiquier géant pour la cathédrale de Washington, à un portail décoratif destiné au Louvre et fait d'une structure en feuilles de 6 m de haut, à une cérémonie de mariage généreusement fleurie en Dordogne et à une autre, dans un domaine de chasse français, où son équipe et lui-même ont décoré tente, tables, etc. avec de la verdure récoltée sur place.

[Fleur préférée]

Sa fleur préférée est la rose, reine des fleurs.
Depuis toujours, les roses parlent aux imaginations.
Geert en admire tous les aspects: symbolique, parfum, diversité, épines, tiges, fruits, possibilités culinaires et décoratives.

[Floralies gantoises]

Les Floralies gantoises ont une réputation de qualité.
Que ce soit au niveau national ou international, il est important, en tant qu'horticulteur ou fleuriste, d'y participer.

Au nom de l'amour

L'amour est ce qu'il engendre : passion, tensions, jalousie, soumission, générosité. Geert Pattyn veut donner forme à cette symbolique. Il sélectionne parmi ses favorites deux roses, « Ambiance » et « Big Fun », qu'il place dans un environnement nerveux. Ce faisant, il n'accentue pas seulement le romantisme de la rose, mais aussi la générosité des fruits et la rudesse des tiges et des épines. Le résultat est une composition puissante, évocatrice, où tous les éléments d'une seule plante jouent un rôle précis. Le fleuriste nous montre l'amour tel qu'il est.

GEERT PATTYN - BLOEMENDECORATIE GEERT PATTYN - STOKSTRAAT 8 - 8940 GELUWE - TÉL. 056 51 20 05 - FAX 056 51 20 05 - GEERT.PATTYN@SKYNET.BE

12/

BERNADETTE PICHOT

[Née en 1965]

BERNADETTE PICHOT trouve dans son métier la possibilité de donner libre cours à son inspiration et de réaliser des compositions hors du commun.

[Prestations particulières]

Les prestations particulières de Bernadette Pichot correspondent à la réalisation personnelle ou collective d'arrangements floraux lors d'événements importants: les Floralies gantoises et liégeoises, les Francofolies de Spa et la décoration de la cathédrale Saints-Michel-et-Gudule sous la direction de Daniël Ost pour le mariage du prince Philippe et de la princesse Mathilde. Sa démonstration florale avec Moniek Vanden Berghe et Geert Pattyn a également été l'occasion d'une rencontre intense, porteuse d'énergie créatrice.

[Fleur préférée]

La fleur préférée de Bernadette Pichot est l'orchidée « Vanda ». La fleuriste se passionne depuis des années pour la culture des orchidées, qui comptent, selon elle parmi les fleurs les plus belles et les plus intrigantes. Elles se prêtent merveilleusement aux compositions et offrent une palette de couleurs exceptionnelles.

[Floralies gantoises]

Les Floralies gantoises sont une occasion unique de faire la connaissance d'horticulteurs et de compositeurs floraux belges de renom, d'apprendre en découvrant leur travail et de se perfectionner à leur contact.

Continuité

Formes rondes, couleurs délicates, contenu tout en contrastes… La principale motivation de Bernadette est le plaisir trouvé dans le travail. Elle se révèle peu à peu dans le choix des matériaux et des formes. Au cœur d'une structure circulaire de branchages, elle dispose un ensemble de fleurs qui la fascinent : orchidées Vanda, roses, Callas.

La composition trahit le caractère de la fleuriste : discrétion et réserve, mais avec une ouverture aux autres. Certains détails importants se cachent dans l'œuvre. C'est une beauté qu'il faut apprendre à découvrir et à apprécier.

BERNADETTE PICHOT - FLEURS PICHOT - RUE DE JALHAY 32 - 4801 STEMBERT - TÉL. 087 22 97 08 - FAX 087 23 06 81 - B.PICHOT@VILLAGE.UUNET.BE

13/

IVAN POELMAN

[Né en 1959]

IVAN POELMAN voit dans son travail une occasion de travailler chaque jour différentes fleurs et plantes, les adaptant aux circonstances les plus diverses. Il peut ainsi faire voir, sentir et percevoir aux gens combien la nature est belle.

[Prestations particulières]

Les prestations particulières d'Ivan sont nées de son amour pour l'art floral.
Il repense avec émotion aux Floralies gantoises 2000, au concours « Kristal, een feest voor bloemen » et aux expositions internationales d'Aalsmeer et de Budapest.
La découverte et l'utilisation de fleurs locales ont fait de la mission consistant à décorer une fête de mariage en Afrique du Sud une expérience inoubliable.
Ivan Poelman a également participé avec grand enthousiasme à la décoration des noces du prince Philippe avec la princesse Mathilde et du prince Laurent avec la princesse Claire.

[Fleur préférée]

Sa fleur préférée change suivant les saisons.
C'est précisément ce qui rend l'art floral si passionnant et si varié. Ivan compte parmi ses favorites le *Papaver orientale* (pavot d'Orient), le *Zantedeschia* (calla, arum) et le *Paeonia* (pivoine).

[Floralies gantoises]

Les Floralies gantoises sont une des plus belles expositions florales du monde. Ce sont nos grands-parents et nos parents qui ont construit cet événement, dont le pays peut être fier.

Prison d'épines

Ivan Poelman aime les pivoines pour diverses raisons : leur offre limitée dans le temps, la forme arrondie de la fleur, simple et puissante à la fois et, enfin, la richesse de leurs couleurs. La pivoine porte une certaine contradiction en soi. Comment un si petit bouton peut-il donner une fleur si grande et si splendide ?
Le fleuriste crée un contraste entre le vase, les pivoines blanches et arrondies, et les épines du *Poncirus*.
Ivan voudrait protéger les fleurs contre la mort, mais sait qu'il n'en est pas capable. Malgré tout le cœur qu'il a mis dans cette composition, lui aussi s'est blessé aux épines. La loi de la nature règne toujours et partout.

IVAN POELMAN - ZWAANTJESSTRAAT 2 - 9090 MELLE - TÉL. 09 231 57 86 - FAX 09 231 84 73 - IVANPOELMAN@SKYNET.BE

14/

YVAN ROELANDTS

[Né en 1970]

YVAN ROELANDTS voit l'art floral comme un monde fascinant, qui lui offre la chance de traduire en réalisations artistiques son amour pour la nature et plus particulièrement pour les fleurs.

[Prestations particulières]

Ses prestations particulières ont été très diverses au cours de sa jeune carrière. L'obtention du titre d'« Artiste floral reconnu », ou Maîtrise d'art floral de Vught (Pays-Bas, 1992), lui a offert une solide formation de base. Une démonstration devant 900 spectateurs, à Herentals, a permis Yvan d'acquérir l'expérience du public. Sa participation à des happenings ou à des événements comme les Floralies 2000, un exceptionnel projet d'art floral à Olen et la démonstration « Fleur live » ont contribué à le faire connaître.

[Fleur préférée]

Yvan Roelandts choisit comme fleur préférée la rose des jardins. « Juliet Austin », du créateur anglais David Austin, est sa favorite. Cette rose splendide, délicatement parfumée, est à présent disponible en fleur coupée. Un cadeau du ciel pour les fleuristes !
Yvan a une affection particulière pour la culture anglaise du jardin.
Dans les roses d'Austin, il trouve une combinaison parfaite de parfum, de charme, de couleur et de vigueur.

[Floralies gantoises]

Les Floralies gantoises sont pour lui une invitation unique à montrer au large public le meilleur de son savoir-faire.

Romantisme à l'état pur

L'amour est source de romantisme et de joie.
Yvan Roelandts laisse briller sa rose préférée, Juliet Austin, dont il souligne la beauté dans une magnifique composition. Il soutient les fleurs grâce à des rameaux de *Cornus alba* « Kesselringii », une splendide variété de cornouiller qui, après avoir perdu ses feuilles, offre de belles tiges noires. La composition prend une forme conique. Les roses sont ainsi rehaussées, mises en valeur, comme éclairées. L'ensemble est à la fois puissant et fragile. Le fleuriste trouve une harmonie entre la couleur des fleurs, la teinte du *Cornus* et la coupe dorée. Douteriez-vous encore du langage des roses ?

YVAN ROELANDTS - FLOR ARTES
MECHELSESTEENWEG 159 - 2018 ANVERS - TÉL. 03 230 78 88 - FAX 03 230 82 14 - FLORARTES@SKYNET.BE - WWW.FLORARTES.BE

15/

LUCIANA VALERI

[Née en 1971]

LUCIANA VALERI décrit l'art floral comme une occasion de magnifier ce que la vie nous offre en faisant le lien entre l'homme, l'art et la nature.

[Prestations particulières]

La fleuriste a livré des prestations particulières lors de divers concours comme la Coupe du Val Saint-Lambert (1999 et 2001) et la Fleur Cup d'Alden Biesen en 2000. Les Floralies gantoises 2000 lui ont fait forte impression. Que ce soit face au grand public ou pour des collègues (Flo'Art 2003), les démonstrations florales représentent de véritables défis.

[Floralies gantoises]

Les Floralies gantoises sont une fabuleuse vitrine qui permet de promouvoir l'art, la maîtrise et le savoir-faire belge en matière d'art floral.
« Nous pouvons y montrer toutes les facettes de notre métier », souligne-t-elle.

[Fleur préférée]

La renoncule *(Ranunculus)* est la fleur préférée de Luciana : elle est fraîche, vivante, offre une magnifique palette de couleurs printanières et allie simplicité et perfection.
Ses nombreuses variétés et sa longévité en font un matériel très apprécié et largement utilisé dans les compositions.

Farandole

Luciana Valeri s'est laissé inspirer par l'idée d'une farandole. Les renoncules représentent à elles seules le printemps. La fleuriste les dispose de manière à créer l'impression d'une explosion de vie nouvelle. La composition, sphérique, fait écho à la forme de la fleur. Elle se veut généreuse et ludique. Luciana renforce encore l'idée de renouveau et de printemps grâce à des anneaux de bois symbolisant la nature et le cycle des saisons.
Le printemps se lance dans une danse féerique.

LUCIANA VALERI - ART VERT - RUE FERRER 16 - 7350 THULIN - TÉL. 065 65 44 65

1d/

DOMINIQUE VAN COTTHEM

[Née en 1963]

DOMINIQUE VAN COTTHEM considère l'art floral comme une forme d'art. Le maître fleuriste est un artiste qui impose un style, une technique et cherche à évoluer dans son travail. Art et savoir-faire vont de pair.

[Prestations particulières]

Certaines prestations particulières ont laissé à Dominique Van Cotthem une impression inoubliable. Sa première démonstration, impressionnante en soi, lui a surtout donné l'envie d'aller plus loin.
La création de son magasin a également marqué le début d'une belle histoire.
Elle n'oubliera jamais les prestigieuses compositions réalisées pour les Floralies gantoises et liégeoises, et sa collaboration aux spectaculaires décors floraux du mariage du prince Philippe et de la princesse Mathilde.

[Fleur préférée]

La rose, dont l'histoire la passionne, est la fleur préférée de Dominique. Les roses sauvages sont apparues sur terre il y a quelque 35 millions d'années. Depuis lors, cette fleur n'a cessé d'enchanter et d'inspirer les hommes.
Les roses fascinent par leur beauté, leur parfum et leur symbolique.

[Floralies gantoises]

Les Floralies gantoises sont une manifestation prestigieuse dont les fleurs sont les vedettes et voient leur beauté sublimée par le travail, la patience et le talent des compositeurs.

Féerie !

La nature est la principale source d'inspiration de Dominique Van Cotthem. Sa création a vu le jour dans une forêt chargée d'histoires et de légendes, par une aurore brumeuse. La fleuriste laisse l'imagination du spectateur vagabonder dans un monde magique de fées, d'elfes et de lutins.

Dans une composition nimbée de mystère, elle présente la rose, sa favorite. L'art du fleuriste consiste non pas à bien choisir les végétaux, mais à les laisser s'exprimer pleinement dans la composition.
L'art floral se change en conte de fée.

DOMINIQUE VAN COTTHEM - IXIA - GRAND ROUTE 224 - 4610 BEYNE HEUSAY - TÉL. 04 365 05 65 - FAX 04 365 05 65 - DOMINIQUE.VANCOTTHEM@BELGACOM.NET

17/

HILDE VAN DE VELDE

[Née en 1954]

HILDE VAN DE VELDE considère l'art floral comme le moyen d'exprimer tous les aspects créatifs que l'on a en soi. Mais il doit également rester matière à défis.

[Fleur préférée]

Sa fleur préférée est la renoncule *(Ranunculus)*. Selon elle, elle convient parfaitement à son travail, qu'elle veut pur, simple, modeste, charmant, féminin et émouvant.

[Floralies gantoises]

Participer en tant que fleuriste aux Floralies gantoises est un couronnement. Comme Hilde Van De Velde habite la région de Gand, elle connaît cet immense événement depuis sa plus tendre enfance.

[Prestations particulières]

Pour Hilde, les prestations particulières n'ont pas besoin d'être grandioses ou majestueuses. Elle repense souvent et avec grand plaisir aux cours de Florademie: « Nous y recevions toujours une mission bien définie. Le résultat était une composition mûrement réfléchie, surprenante. » Chaque fois qu'elle rend quelqu'un heureux grâce à son travail, elle considère cela comme une réalisation précieuse.

Sa première participation aux Floralies gantoises, en 2000, a été inoubliable. La réaction enthousiaste du public et des médias face à sa création, un montage très naturel rehaussé de 1500 renoncules, a été un grand moment de sa carrière.

Blanche modestie

Des lignes pures, du mouvement et, surtout, laisser la fleur être elle-même: c'est le type de composition qu'aime Hilde Van De Velde. Les tendres renoncules blanches se savent protégées, sur le récipient en bois, par de fines tiges de jonc disposées en voûte. Çà et là, leurs têtes dépassent. C'est ainsi que nous profitons le plus de leur beauté.
Cette création raffinée ira orner la table du salon, emplacement idéal pour des fleurs.

HILDE VAN DE VELDE - BLOEMEN TEMMERMAN – VAN DE VELDE
SCHOOLSTRAAT 12 - 9270 LAARNE - TÉL. 09 369 13 58 - FAX 09 369 47 29 - W.TEMMERMAN@SKYNET.BE

18/

HERMAN VAN DIONANT

[Né en 1956]

HERMAN VAN DIONANT exprime dans ses compositions l'admiration et l'attachement qu'il ressent pour les formes et les couleurs qui nous entourent.

[Prestations particulières]

Comme prestations particulières, il rappelle son travail primé à l'examen final de Florademie (1991) et ses créations dans le premier volume de *Meesters in de bloemsierkunst* (1993). Toutes deux représentent la reconnaissance de plusieurs années d'apprentissage et de travail. Herman a aussi relevé un défi particulier en réalisant une pièce techniquement difficile pour un magazine flamand et une création pour les dernières Floralies gantoises, une construction statique, qui devait pourtant paraître vivante et dynamique aux yeux du public. Au décès de leur fille, Marie, Herman a vécu la douloureuse confrontation de l'éphémère, de l'amour et de la beauté. Un simple bouquet de tulipes blanches a suffi à symboliser l'adieu de manière très immédiate.

[Fleur préférée]

Il n'a pas de fleur préférée. Son choix change continuellement. La tulipe *(Tulipa)* est l'une de ses favorites en raison de ses formes diverses, de pures et raides à très baroques.

[Floralies gantoises]

Les Floralies gantoises sont un événement unique pour qui aime les fleurs et la beauté. C'est un honneur de pouvoir y participer.

HERMAN VAN DIONANT - BLOEMEN EN ACCESSOIRES
OUDSTRIJDERSPLEIN 16 - 1500 HAL - TÉL. 02 360 02 61 - FAX 02 360 17 21 - HERMAN.VAN.DIONANT@PANDORA.BE

Rouge de rouge

Herman Van Dionant a fabriqué lui-même le récipient de cette création. L'originalité du vase est très importante. Il est formé de branches de châtaigner et met parfaitement en valeur la passionnante tulipe « Abba ».

Le fleuriste crée un contraste entre l'ancien et le nouveau, tant dans la forme que dans la couleur. Il marie tulipes jaillissantes et luisants bourgeons de châtaigner. À l'intérieur, quelques cucurbitacées suggèrent les origines.

19/

FREDERIEK VAN PAMEL

[Né en 1973]

FREDERIEK VAN PAMEL veut par son métier créer un pont entre l'homme et la nature. L'art floral allie le talent de l'homme à la générosité de Mère nature.

[Prestations particulières]

En tant que fleuriste, des prestations particulières ne peuvent être fournies que si on saisit sa chance au vol. Frederiek Van Pamel: « Tous les clients pour qui je peux travailler sont le moteur de ma créativité. C'est grâce à eux que j'en suis là et que j'ai pu réaliser mon grand rêve, lancer et développer mon propre magasin de fleurs. »

Cela a été un plaisir et un honneur de participer très jeune aux Floralies gantoises 2000, J'ai aussi un excellent souvenir de mes créations pour diverses réunions européennes et pour le gala de la Fondation Roi Baudouin, en présence du prince Philippe et de la princesse Mathilde. »

[Fleur préférée]

Comme fleur préférée, Frederiek Van Pamel choisit sans hésiter la rose. Il pense à cet égard que les gens peuvent ressembler à des fleurs. La rose, par exemple, reflète son propre caractère.

Elle ne peut éclore et s'épanouir pleinement que dans un environnement chaleureux.

[Floralies gantoises]

Frederiek Van Pamel voit les Floralies gantoises comme un défi, celui de présenter un montage au grand public.

Cela le change de l'expérience quotidienne.

Intimité

Mon « moi intérieur » : c'est ainsi que Frederiek Van Pamel décrit sa création. Le fleuriste est fasciné par les roses. Elles n'échappent jamais à son attention. À chaque fois, il s'efforce de les exploiter d'une manière artistique et originale. Un majestueux vase de cuivre monumental constitue le récipient idéal.
Frederiek souligne celui-ci en prolongeant sa forme par des pousses de *Muehlenbeckia.* À l'intérieur, il crée un cocon intime pour les roses « Nicole », « Anna », « Candy », « Aqua », « Géraldine », « Cool water », « Espérance », « Pepermint » et « Purple Cézanne » et ajoute aux fleurs des grains de poivre rose. Nous touchons ici au cœur de l'homme. Imposant au-dehors, timide en dedans.

FREDERIEK VAN PAMEL

MUNTPCORT 6-7 - 8000 BRUGGE - TÉL. 050 34 42 11 - FAX 050 34 82 18 - FREDERIEKVANPAMEL@SKYNET.BE - WWW.FREDERIEKVANPAMEL.BE

20/

CHRIS VAN SWEEVELT

[Née 1961]

CHRIS VAN SWEEVELT veut utiliser dans ses créations des matériaux naturels, qui parlent personnellement aux clients. Elle veut laisser à la fleur, à la feuille ou à la branche leur valeur propre, sans pour cela abdiquer de sa personnalité.

[Prestations particulières]

Les prestations particulières sont, pour Chris, synonymes de victoires sur le plan personnel et professionnel. Chaque fois qu'elle dépasse ses limites créatives, elle y trouve une satisfaction artistique. Elle repense avec émotion à sa première mission aux *Brabanthallen* de Louvain à
l'occasion de l'anniversaire d'une banque et à sa création, combinant tronc d'arbre et fil électrique.
Prendre part aux Floralies gantoises 2000 a été une réelle entreprise. Pour obtenir le résultat souhaité, Chris n'a pas hésité à apprendre plusieurs techniques nouvelles.
Les montages floraux sont toujours le résultat d'une réflexion. Quel bouquet convient à cette mariée? Quelles plantes et fleurs iront avec cet intérieur?

[Fleur préférée]

La fleur préférée de Chris varie en fonction des périodes de sa vie. En ce moment, c'est l'amaryllis. Pour elle, cette fleur représente l'importance de l'instant.
L'*amaryllis* est une fleur dominante. D'un côté, elle se suffit à elle-même, mais de l'autre, elle doit être soutenue. Elle est donc à la fois extrêmement puissante et fragile.

[Floralies gantoises]

Les Floralies gantoises sont une tradition qui a su se maintenir au fil du temps. Un exploit en soi.
Y participer en tant que compositeur floral constitue une reconnaissance certaine.

Pureté

Chris Van Sweevelt fait honneur au nom de son magasin (« Puur »). Elle laisse les amaryllis dégager toute leur énergie. Il est important de laisser la fleur être fleur, de ne pas vouloir à tout prix être original et créatif.
La force se trouve dans la fleur. Elle ne demande qu'à être mise en valeur. Les tiges ont besoin d'être soutenues dans le vase, car leur fleur est lourde.
Le rouge évoque la passion dans tous les sens du terme. Tant de force réunie ne peut que susciter l'admiration.

CHRIS VAN SWEEVELT - PUUR BVBA - GELLENBERG 129 - 3210 LUBBEEK - TÉL. 016 62 32 65 - FAX 016 62 00 80 - PUUR@PANDORA.BE - WWW.PUUR.BE

21/
MONIEK VANDEN BERGHE

[Née en 1954]

MONIEK VANDEN BERGHE aime que ses compositions offrent une plus-value à la fleur. À tel point que le spectateur est touché par leur personnalité et leur force vitale.

[Prestations particulières]

Pour Moniek Vanden Berghe, les prestations particulières impliquent que l'on apprécie son travail.
Elle repense avec bonheur à ces démonstrations japonaises, écossaises, anglaises et françaises, ainsi qu'à Florademie, en Belgique. Les contacts et la collaboration avec des gens passionnés, l'influence du paysage et la diversité de matériaux lui ont permis de dépasser ses propres limites créatives. L'exposition « Céramique et fleurs », à Courtrai, a été l'occasion d'une rencontre fascinante entre art floral contemporain et art ancien. Moniek a pu y travailler, au gré de son inspiration et sans aucune contrainte, avec Geert Pattyn.
Créer un signe d'adieu à l'occasion de funérailles n'est pas une mission comme une autre pour un fleuriste. Ce type d'art floral est toujours chargé d'une intense émotion. Son propre livre, *Bruidsboeketten* (Bouquets de noce), est le résultat de près de cinq années de travail exceptionnel.

[Fleur préférée]

Comme fleur préférée elle choisit la rose, à laquelle elle ajoute aussitôt une autre de ses favorites, la rose de Noël *(Helleborus niger)*.
Les roses s'épanouissent magnifiquement, offrant d'infinies variations de couleurs.

[Floralies gantoises]

Les Floralies gantoises sont pour l'art floral une confrontation intéressante avec le grand public, dans un contexte tout autre que l'habituel terrain commercial.

Nature morte, nature vivante

Moniek Vanden Berghe aime les arbres et les nombreux contrastes de l'hiver. Elle donne forme à ces éléments avec un sentiment de nature à l'état brut. D'un morceau d'écorce, elle habille une forme paisible et la place sur un socle. D'un côté, elle dispose des roses en train d'éclore et de fraîches roses de Noël.
De l'autre, elle installe des rameaux morts de clématite.
Ses flocons sont prêts à libérer leurs semences. Ensuite, elle lie le bouquet d'un solide brin de laine.
La fleuriste crée des contrastes: clair-obscur, vie-mort, éclosion-dissémination
Qui se nourrit de l'intérieur et s'épanouit peut semer des traces de beauté.

MONIEK VANDEN BERGHE - CLEOME
G.M. D'ALCANTARALAAN 120 - 9971 LEMBEKE - TÉL. 09 378 08 78 - FAX 09 378 23 58 - CLEOME@PANDORA.BE - WWW.CLEOME.BE

22/

NATHALIE VANDEPUTTE

[Née en 1965]

NATHALIE VANDEPUTTE considère l'art floral comme la forme d'art la plus éphémère qui soit. Seules les photos peuvent fixer le souvenir d'une composition.

[Prestations particulières]

Comme prestations particulières, Nathalie Vandeputte retient son show intitulé « Le langage des fleurs », à Taiwan (1998), les Floralies gantoises 2000 et le concours annuel « Kristal, een feest voor bloemen » (Le cristal, une fête pour les fleurs). La décoration du théâtre de la Monnaie à l'occasion d'un gros événement culturel, pendant la présidence belge de l'Union européenne en 2001, reste également une expérience unique. La création du bouquet porté par la reine Paola a fait de cet événement un jour inoubliable pour la fleuriste et son équipe. Sa collaboration au recueil poétique *De Zevensprong* (2003) lui a valu de passionnantes rencontres avec des collègues et d'autres artistes.

[Fleur préférée]

La fleur préférée de Nathalie, le lys de la Vierge *(Eucharis grandiflora)* justifie son nom : c'est un joyau de pureté. Cette fleur retombante, du plus pur blanc, respire la sobriété.

[Floralies gantoises]

Les Floralies gantoises sont un must. En tant que fleuriste, le fait que des milliers de personnes viennent regarder et admirer votre travail est presque incroyable. En 2000, 24 fleuristes de renom y ont présenté leur œuvre pour la première fois. Un succès !

Fragile

Le titre souligne en soi l'élément qui a été le plus nécessaire à la réalisation de cette œuvre: une patience d'ange. Nathalie Vandeputte a choisi comme récipient un vase exceptionnel en cristal de Baccarat.
Sa composition, transparente, en épouse la ligne.
De ses doigts patients, elle plie et lie les brins de roseau en une fine construction. Un support idéal pour le splendide lys de la Vierge.
Nathalie a non seulement de la patience, mais aussi un infini respect pour la beauté de son matériau : la fleur.

NATHALIE VANDEPUTTE - CLOOSTERHOF
KASTEELSTRAAT 142 - 8700 TIELT - TÉL. 051 40 15 73 - FAX 051 40 64 55 - INFO@CLOOSTERHOF.BE - WWW.CLOOSTERHOF.BE

23/

FRANÇOISE VANDONINK

[Née en 1970]

FRANÇOISE VANDONINK conçoit l'art floral comme un moyen d'expression. Elle y recherche l'équilibre entre créativité pure et souhaits commerciaux.

[Prestations particulières]

On peut citer, parmi les prestations particulières de sa dynamique carrière, l'obtention d'une première distinction internationale, le « 1er prix Tivoli Cup Copenhague » (Danemark, 1997), suivie d'un autre au Championnat national d'art floral organisé par l'Union royale des fleuristes de Belgique (1999). Son ardeur au travail et sa quête perpétuelle de renouvellement ont ainsi été reconnues et récompensées. Son voyage en Chine (1995) dans le cadre d'une campagne de promotion de l'azalée belge a élargi ses horizons. Malgré la forte pression du travail sur place et le mal du pays, la collaboration avec Daniël Ost, chef d'équipe, a été une expérience enrichissante. Participer avec son partenaire, le fleuriste Stefan Roosen, à l'International Landart Festival, Grindelwald (Suisse, 2000) et l'assister lors de son premier titre de champion de Belgique, en 2002, ont procuré à Françoise un intense bonheur personnel.

[Fleur préférée]

Sa fleur préférée, l'*Eucharis grandiflora* « Amazon Lilly » ressemble à un narcisse tropical. Sa fleur sent délicieusement bon et est extrêmement belle et élégante. Elle se laisse travailler en souplesse, au gré des envies du fleuriste.

[Floralies gantoises]

Les Floralies gantoises constituent pour l'horticulture et l'art floral de notre pays une prestigieuse vitrine. La reconnaissance du grand public est pleinement méritée.

Chrysalide

Dans ce subtil arrangement, Françoise Vandonink laisse jouer à sa fleur favorite un rôle mystique, mais bien identifiable.
Les matériaux ajoutés soulignent la simplicité et le rayonnement fragile de l'*Eucharis grandiflora*.
Françoise dispose les fleurs dans une coupe de bambou blanchi, fixe le tout avec de l'argile de potier et construit tout autour une élégante toile de fins filaments.

Les perles font écho à la rondeur du récipient.
L'*Eucharis* prend son envol de cette « toile d'araignée ».
Ce travail raconte l'histoire d'une résurrection, passage du terrestre au céleste.
En regardant la création à des moments différents, on assiste à un renouvellement perpétuel : l'étiolement de la vieille fleur alterne avec l'éclosion de la nouvelle.

FRANÇOISE VANDONINK - FLORYBEL BY FRANÇOISE VANDONINK
PLACE PIERRE DELANNOY 68 - 7850 ENGHIEN - TÉL. 02 395 69 77 - FAX 02 395 81 83 - FRANCOISE.VANDONINK@SKYNET.BE

24/

BEN VANHORENBEKE

[Né en 1971]

BEN VANHORENBEKE aime les compositions utilisant les matières naturelles. L'éphémère le passionne. Son plaisir est de chercher et d'acquérir des matériaux qu'il utilisera plus tard dans son travail. L'art floral est un travail créatif dans lequel la forme et la couleur déterminent le style.

[Prestations particulières]

Les prestations particulières sont souvent très fugitives dans la vie du fleuriste. Ben Vanhorenbeke: « Ce que je considère comme le sommet de mon travail, débouche directement sur d'autres défis. Le fait de prendre part à des concours, des expositions ou des démonstrations me plonge dans une sorte de fièvre artistique. Je ne suis content que quand je remarque que mon œuvre évolue et se renouvelle. J'essaie sans cesse de nouvelles techniques; je ne me contente pas des matériaux et de la végétation que j'ai sous la main. Je garde de bons souvenirs des Floralies gantoises 2000 et de l'inauguration de mon nouveau magasin à Hal en 2003. »

[Fleur préférée]

Comme fleur préférée le fleuriste choisit le flamant rose, ou langue de feu *(Anthurium)*. Que ce soit en pot ou comme fleur coupée, elles tiennent longtemps et se prêtent particulièrement aux compositions florales. Grâce à des sélections et à des améliorations génétiques, cette fleur tropicale se décline maintenant dans une large gamme de tons allant du rouge au blanc en passant par le vert marbré, le rose et l'orange.

[Floralies gantoises]

Les Floralies gantoises sont un grand jardin foisonnant de plantes, de fleurs, de créativité... Une grande exposition dans laquelle l'homme et la nature se rencontrent dans la beauté.

Échassiers

Le fleuriste est un plasticien. Ben Vanhorenbeke fait appel à son imagination et à celle du spectateur. Il crée des échassiers, qu'il fait évoluer sur la plage. Ce sont des petites constructions florales. Un disque de bouleau brut, surmonté d'une tige de fer, en constitue la base.
Il prolonge un nid de rameaux existant avec du *Muehlenbeckia* et le décore de flamants roses, de poivrons verts, de queues-de-renard *(Amaranthus caudatus)* et de jasmin *(Jasminumi)*. Un parterre d'oiseaux rares !

BEN VANHORENBEKE
VANHOO 'NATUUR IN HUIS' - POSSOZPLEIN 7 - 1500 HALLE - TÉL. 02 356 95 45 - FAX 02 356 95 45

{3}

ÉCOLES D'ART FLORAL

PATRICIA DE CORTE - PHOTOS PHILIPPE DEBEERST

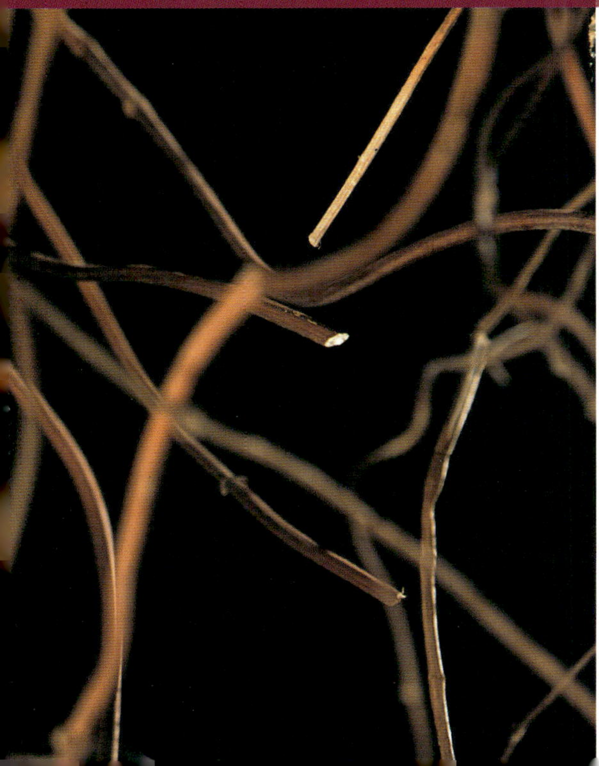

//

L'ÉCOLE D'ART FLORAL ADENIUM

L'ÉCOLE D'ART FLORAL ADENIUM doit son existence à la passion d'une professeur nommée Marleen Van Lancker.
Lors d'une visite aux Floralies gantoises il y a plus de trente ans, les arrangements des amateurs d'art floral lui ont fait forte impression.
Elle s'est affiliée à une association et est, après diverses formations, devenue elle-même enseignante. En 1989, elle a lancé Adenium, une école devenue célèbre, qui compte aujourd'hui 70 élèves. Les cours y sont donnés à de petits groupes de dix à douze personnes, ce qui permet un accompagnement de qualité. Les thèmes des leçons suivent les saisons et prennent la nature comme source d'inspiration. Les participants rassemblent eux-mêmes le matériel sur la base d'un exemple de travail que le professeur leur présente un mois à l'avance. Les objectifs principaux de l'école sont de tirer profit de que l'on a au jardin et d'associer ces matériaux à des fleurs achetées pour former de splendides montages. Le style adopté est traditionnel, d'inspiration anglaise, mais attentif aux tendances actuelles.
Pendant les mois d'hiver, c'est l'ikebana qui est au programme. Marleen Van Lancker a suivi une formation de huit ans à l'école Sesshu de Bruges.
C'est avec bonheur qu'elle transmet les connaissances reçues.

Passage to India

IDÉE

Couleurs luxuriantes, contrastes, abondance de fleurs et de végétaux : c'est toute la magnificence de l'Inde qui affleure dans ce travail. Un voyage en Orient et un passage par l'Inde magique ont inspiré cette composition, réalisée dans un vase ancien tout à fait original. L'énorme travail technique débouche sur la paix et la sérénité intérieures. L'atmosphère de l'Orient est bien là.

MATÉRIEL

Vasque de jardin en fonte – mousse florale verte – 8 branches de houblon *(Humulus lupulus)*, 8 *Aspidistra* – 5 feuilles de *Philodendron* « Xanadu » – 10 Peru Coral Fern (fougère corail originaire du Pérou) – 5 feuilles d'*Anthurium* – 10 *Lycopodium* (verdure fine également originaire du Pérou) – 8 *Asparagus* pyramidalis (Asparagus du Pérou) – 5 ananas décoratifs – 10 *Inga Fluilli* small (capsules exotiques) – 10 *Nelumbo nucifera* (capsule de lotus) – 2 *Vanda* « Black Magic » (orchidées) – 20 roses « Stranger » – 20 roses « Caméléon » – 20 roses « Mettalina » – 20 roses « Jade ».

MARCHES À SUIVRE

Garnissez la vasque d'une bonne quantité de mousse florale. Avec les branches de houblon, tracez les lignes du montage. Remplissez celui-ci avec les différentes sortes de feuillages. Ajoutez ensuite, au gré de votre imagination, la verdure, les orchidées et les roses.
Veillez à l'équilibre de la composition et respectez les harmonies de couleurs.

BLOEMSCHIKSCHOOL (ÉCOLE D'ART FLORAL) ADENIUM - CONTACT : MARLEEN VAN LANCKER - VAN GOETHEMSTRAAT 45 - 9820 MERELBEKE - TÉL. 09 230 77 21 - FAX 09 230 77 21

2/

L'ÉCOLE D'ART FLORAL DU CENTRUM VOOR VOLWASSENENVORMING

DE AVONDSCHOOL, GAND

L'ÉCOLE D'ART FLORAL DU CENTRUM VOOR VOLWASSENENVORMING, DE AVOND-SCHOOL, GAND s'inscrit dans le cadre de l'enseignement de promotion sociale. En 1956, l'Institut supérieur d'horticulture de Melle a lancé une formation de fleuriste. La cheville ouvrière de ce projet était le directeur de l'époque, monsieur Verstrynge. Aidé par des enseignants compétents, il a offert enthousiasme et qualité à ce nouvel enseignement. Bien des fleuristes belges connus ont suivi cette formation, qui a pendant longtemps été la seule du pays. Dans les modules, la technique, le style, la connaissance des plantes et la pratique bénéficient d'une large attention. Le programme est complété par du dessin, de la théorie sur la couleur et la forme, de l'histoire de l'art et de la comptabilité. Les leçons ont lieu le mardi dans les locaux de l'école horticole de Melle. Tout un chacun voulant apprendre l'art floral est le bienvenu car aucune expérience ou connaissance préliminaire n'est requise. La formation dure trois ans. La première année aborde surtout des créations linéaires et contemporaines. Au cours de la deuxième année, l'accent est mis sur le développement d'un style propre et, durant la troisième, l'art floral nuptial est étudié en détail. Les méthodes et techniques classiques et contemporaines sont étudiées. Le choix des matériaux est varié ; il va de la verdure du jardin aux fleurs et plantes indigènes ou exotiques.

Romantisme au carré

IDÉE

Les roses, fleurs romantiques par excellence, sont intégrées dans une composition compacte, géométrique.
Deux formes originelles, un carré et un cercle, forment la base d'une création généreuse, contrastée, où s'associent des feuilles de *Cordyline* coupées en carrés et des roses multicolores.

MATÉRIEL

Couronne de mousse florale (*anneau bioflor*, 56 cm de diamètre) – 1 plaque de mousse de fixation (1m/1m/5cm) – épingles d'étalagiste noires – *Cordyline fruticosa* « Black Tie » (feuilles) – 300 roses: Rosa « Hollywood », « Toscanini », « Red One », « Halloween », « Caméléon », « Ruby Red », « Mini Eden », « Pacific Blue » et « Anna ».

MARCHES À SUIVRE

Recouvrez la plaque de mousse de feuilles de *Cordyline fruticosa* (auparavant découpées en carrés). Fixez-les à l'aide des épingles en veillant à ce qu'elles se chevauchent bien. Laissez-la couronne de mousse absorber suffisamment d'eau, puis piquez-y les roses en alternant les couleurs et les variétés. Placez la couronne terminée au centre de la plaque.

BLOEMSCHIKSCHOOL CVO – IVV DE AVONDSCHOOL GENT - CONTACT : DIANA VAN DE WALLE - SCHOONMEERSSTRAAT 52 - 9000 GAND - TÉL. 09 243 87 99

3/

LA

BELGIAN FLOWER ARRANGEMENT SOCIETY

(B.F.A.S.)

La BELGIAN FLOWER ARRANGEMENT SOCIETY (B.F.A.S.), fondée en 1967, regroupe les amateurs d'art floral. Cette association sans but lucratif compte actuellement plus de 2000 membres répartis dans tout le pays. Elle chapeaute 28 sections locales, 8 néerlandophones et 20 francophones. Son objectif est de promouvoir l'art floral, de stimuler la connaissance de la botanique et d'encourager la protection de la nature. Dans cette perspective, elle organise des cours d'art floral et de jardinage ainsi que des visites de jardins à l'étranger. Coordonnées par un secrétariat national installé à Gand, ces activités sont de même nature que celles des sections régionales. L'accent est mis sur les contacts internationaux et l'invitation de professeurs et de jurys étrangers. La B. F. A. S. « nationale » donne aussi des cours de perfectionnement et organise des épreuves d'aptitude lors desquelles les lauréats peuvent obtenir des prix et des diplômes d'art floral. L'association attache une grande importance à la connaissance des techniques de base et à l'emploi de matériaux venus du jardin dans les compositions florales. Ses créations sont classiques, contemporaines ou encore, inspirées de l'ikebana, art floral japonais.

L'organisation est également affilée à plusieurs associations sœurs et clubs de jardinage à l'étranger. En 1981, elle a d'ailleurs été l'un des membres fondateurs de la World Association of Flower Arrangers (W. A. F. A), qui regroupe 28 pays de par le monde.

Féerie hivernale

IDÉE

Même en hiver, le jardin offre suffisamment de végétation pour pouvoir composer un bouquet décoratif. Anne De Volder, fleuriste de la B. F. A. S., a glané des matériaux qu'elle a ensuite disposés de manière traditionnelle selon les lois de l'art floral. De jolies roses « Cézanne » offrent à cet arrangement hivernal, disposé dans un vase Médicis en fonte, un rayonnement festif.

MATÉRIEL

Un vase Médicis en fonte – mousse florale - 15 branches de *Cotoneaster salicifolius* « Glauca » - 5 feuilles de *Bergenia cordifolia* (plante des savetiers) – 12 branches de *Viburnum tinus* (laurier-tin) – 9 branches de *photinia* – 9 branches de *Juniperus virginiana* « Glauca » (cèdre de Virginie) – 15 roses « Cézanne ».

MARCHES À SUIVRE

Enveloppez un bloc de mousse florale humide de treillis métallique et posez-le sur le vase. Avec les branches de *cotoneaster*, formez le triangle classique des compositions florales. Disposez ensuite les autres matériaux. Les feuilles de *Bergenia* forment le point focal. Terminez par les roses. Veillez à ce que la mousse soit complètement recouverte et faites attention à l'aspect tridimensionnel de votre montage. Si nécessaire, ajoutez quelques branches à l'arrière-plan.

BELGIAN FLOWER ARRANGEMENT SOCIETY VZW (B.F.A.S.) - CONTACTS: ELIANE JOSKI EN PATRICIA DEPREST

KORTRIJKSESTEENWEG 834 - 9000 GAND - TÉL. 09 222 77 07 - FAX 09 220 15 44 - BFAS@SKYNET.BE

4/

L'ÉCOLE D'ART FLORAL CLOOSTERHOF

L'ÉCOLE D'ART FLORAL CLOOSTERHOF a été fondée en 1986. Encouragée par quelques fervents adeptes de cet art, la fleuriste Nathalie Vandeputte a ouvert des ateliers au centre culturel de Tielt.
Le succès ne s'est pas fait attendre. Petit à petit, des groupes d'amateurs fidèles, qui suivent des cours d'art floral huit fois l'an, se sont formés.
Créer des montages floraux à plusieurs tient à la fois du défi créatif et de la détente. Les élèves diffèrent fortement les uns des autres, que ce soit par l'âge ou par les centres d'intérêt. Un avantage certain, puisqu'ils peuvent ainsi échanger leurs connaissances. Leurs créations sont également très diverses: compositions saisonnières utilisant différentes techniques, bouquets et montages réservés aux occasions spéciales. Un détail important: à chaque cours, chaque participant réalise une œuvre personnelle, sans imiter l'exemple donné. Le professeur accorde une attention particulière au choix du récipient, base de toute création. En 1990, l'école a déménagé pour s'installer au Cloosterhof de Tielt, lieu chargé d'atmosphère. Les amateurs d'art floral peuvent y travailler sur des tables adaptées, dans un espace confortable.

Lorsque le vent habille

IDÉE

Une bonne averse automnale permet de rassembler une grande quantité de matériaux pour arrangements floraux. Les élèves de l'école du Cloosterhof ont ramassé des centaines de feuilles de peuplier blanc *(Populus alba)*. Les feuilles de cette splendide variété sèchent très bien et se colorent de noir sur la face supérieure, d'argenté et de blanc au revers. Elles forment ici la « matière » du nouvel habit d'un mannequin.

MATÉRIEL

Un mannequin d'étalage – 1000 feuilles de *Populus alba* (peuplier blanc) – 14 mètres de treillis de fil de cuivre – fil de cuivre fin.

MARCHES À SUIVRE

Étalez le filet sur une table. Disposez, sur une moitié du filet, les feuilles de peuplier en les faisant se chevaucher. Alternez en utilisant autant de feuilles à l'endroit que de feuilles à l'envers. Repliez le treillis sur les feuilles de manière à les fixer. Consolidez le tout avec du fil de cuivre.
Drapez cette création à la manière d'un vent houleux sur le mannequin.

BLOEMSCHIKSCHOOL (ÉCOLE D'ART FLORAL) CLOOSTERHOF - CONTACT: NATHALIE VANDEPUTTE

KASTEELSTRAAT 142 - 8700 TIELT - TÉL. 051 40 15 73 - FAX 051 40 64 55 - INFO@CLOOSTERHOF.BE - WWW.CLOOSTERHOF.BE

5/

LA SECTION FLORICULTURE ET ART FLORAL DU

CVO ELISHOUT COOVI

LA SECTION FLORICULTURE ET ART FLORAL DU CVO ELISHOUT COOVI, une institution de la Commission communautaire flamande, offre une formation en modules de quinze semaines sur la technique, la réalisation et l'entretien de montages floraux. Les amateurs peuvent y suivre des cours de septembre à janvier et de février à juin. Les premières unités portent sur l'apprentissage des techniques et arrangements de base. Dans les unités suivantes, ces techniques sont appliquées à une forme contemporaine et l'aspect créatif est mis en exergue. Les élèves peuvent choisir parmi des spécialisations comme décoration de table, arrangements floraux de circonstance, bouquets, décors nuptiaux, nouvelles tendances et montages commerciaux. Les leçons se déroulent dans le cadre agréable d'une ferme située dans un environnement vert, à proximité du ring de Bruxelles. Elles se donnent, suivant les préférences, le soir, l'après-midi ou le samedi matin. La section Art floral accueille environ quatre cents élèves par an. Les pièces d'examen sont exposées lors des journées « portes ouvertes ».

Accueil chaleureux

IDÉE

Souhaitez la bienvenue à vos hôtes par cette création, que vous placerez sur la porte ou à côté de celle-ci. Les créateurs ont choisi de se démarquer de la traditionnelle couronne au profit d'une forme plus originale. La composition convient en toute saison et à chaque événement. À Pâques, vous la garnirez de petits œufs, à Noël, de pommes et de verdure de pin.

MATÉRIEL

Couronne de mousse florale (20 cm de diamètre) – papier collant résistant à l'eau – 20 branches de *Salix* (jets de saule) – 10 *Ranunculus* (renoncules) – 10 Rosa (roses blanches) – verdure: *Buxus, Hedera* (lierre), *Vaccinium myrtillus* (myrtille), *Lycopodium* (pied-de-loup) – mousse.

MARCHES À SUIVRE

Coupez la couronne de mousse au centre. Fixez les jets de saule en bas de la couronne à l'aide de papier collant. Disposez les fleurs et la verdure sur la partie humide de la couronne. Nouez les jets de saule dans le bas. Garnissez-les de quelques billes de mousse de diamètres variés.

CVO ELISHOUT COOVI, AFDELING BLOEMENTEELT EN BLOEMSCHIKKEN

CONTACT : RIET JACOBS - E. GRYZONLAAN 1 - 1070 BRUSSEL - TÉL. 02 526 77 40 - FAX 02 526 77 13 - CVO@ELISHOUT.BE - WWW.ELISHOUT.BE

d

L'ÉCOLE D'ART FLORAL

DE GROENE VERBEELDING

L'ÉCOLE D'ART DE GROENE VERBEELDING est une initiative de Gudrun Cottenier, compositeur floral et enseignante, et de son mari Nico Bostoen. Ce qui a commencé il y a seize ans comme un hobby s'est développé en un atelier professionnel où les cours d'art floral jouent le premier rôle, complétés par des conférences sur les jardins et des cours de jardinage. Dès le début, les responsables du projet ont choisi un groupe cible, à savoir celui des purs amateurs ou des gens pour qui l'art floral est un passe-temps. Gudrun et Nico trouvent extrêmement important que les groupes soient hétérogènes. On n'apprend pas seul à composer des bouquets. Cela ne devient agréable que si des échanges se créent. De Groene Verbeelding a comme but principal de transmettre idées et techniques et d'assurer l'accompagnement professionnel des élèves pour qu'ils parviennent à de belles réalisations. Dans les créations, l'accent est mis sur la simplicité, le naturel et l'inspiration tirée des matériaux du jardin. Les cours annuels consistent en neuf leçons sur des thèmes divers: couronnes, bouquets, décoration de table, corbeilles garnies, constructions linéaires, décoration d'une coupe et d'un mur.
Ils sont répartis en trois niveaux selon le degré d'expérience et de formation technique des élèves. Cela va d'un solide enseignement de base au premier niveau à un programme plus approfondi au deuxième et à l'expérimentation d'idées et de tendances nouvelles au troisième. En janvier 2003, l'école a remporté le prix de groupe du premier « Championnat national belge open d'art floral pour amateurs ». Ce prix a représenté un encouragement important pour le développement qualitatif et créatif futur de l'école.

Prison végétale

IDÉE

La technique du « coinçage » rend la mousse de fixation superflue. Des lianes sont pliées et coincées dans une forme « faite maison » à partir de mousse florale et de plâtre. L'*Ornitogalum arabicum* est fait prisonnier entre les lianes. Le *Dendrobium* blanc et les capsules vertes d'Asclepia enrichissent la composition de leur couleur. Des aiguilles de pin fourniront la touche finale.

MATÉRIEL

Coupe ronde – anneau de mousse de fixation – plâtre – 20 lianes *Octopus* (ou éventuellement, de fines branches de pin sans aiguilles - 30 Ornitogalum arabicum– 3 branches de *Dendrobium* – une poignée d'aiguilles de pin – 3 branches d'*Asclepia* « Mobydick » – feuilles de buis.

MARCHES À SUIVRE

Habillez les bords arrondis d'un anneau de mousse avec du plâtre et garnissez-les de feuilles de buis. Laissez-le tout sécher convenablement. Placez la forme de plâtre au centre de la coupe et remplissez celle-ci d'eau. Dans la forme, créez une sphère avec les lianes. Le bord de plâtre emprisonne les branches. Disposez ensuite l'*Ornitogalum arbicum*, le *Dendrobium* et les capsules d'*Asclepia* dans la structure de branches. Veillez à ce que toutes les tiges puissent puiser l'eau de la coupe. Finissez par des aiguilles de pin que vous glisserez deux par deux entre les lianes et décorez le bord de la coupe de feuilles de buis.

BLOEMSCHIKSCHOOL DE GROENE VERBEELDING - CONTACTS : GUDRUN COTTENIER ET NICO BOSTOEN

KEIRESTRAAT 24 - 9700 AUDENAERDE (MATER) - TÉL. 055 45 55 25 - FAX 055 45 55 25 - GUDRUN.COTTENIER@SCARLET.BE - WWW.DEGROENEVERBEELDING.COM

7/

L'ÉCOLE D'ART FLORAL LAURUS

L'ÉCOLE D'ART FLORAL SA a été créée il y a une trentaine d'années sous le regard attentif de deux fleuristes expérimentés, Gerda Bresseleers et An Kiebooms. Vu l'énorme succès de l'entreprise, il a fallu chercher un lieu adapté. C'est dans les locaux de l'École moyenne de l'Augustijnenlaan, à Herentals, que Jan Meurs a développé ce centre d'art floral. Pour raisons de santé, il a ensuite passé le flambeau à Bart Nys. En compagnie d'une équipe de collègues enthousiastes et compétents, Mildred Goelen, Krista Verwimp, Rita Van Den Bulck et Bart Van Hove, Bart donne aujourd'hui des cours de septembre à mai. Les leçons ont lieu les mardis et jeudis soir ainsi que les samedis matins et après-midi. Pendant l'année d'initiation, les débutants font surtout connaissance avec les techniques de base et les matériaux. Ensuite, le degré de difficulté augmente et les diverses techniques sont approfondies. Les professeurs donnent la priorité à l'enseignement d'un art floral aux lignes claires et à la structure puissante. La beauté des plantes et des fleurs retient toute leur attention. Le style des travaux est varié : classique, contemporain, moderne ou expérimental. Les techniques anciennes, comme la fabrication de guirlandes de paille ou les compositions de style Biedermeier, alternent avec les nouvelles, comme celle de la colle froide ou du fil retors. Différentes expositions montrant des travaux individuels ou des créations de groupe représentent pour les élèves de passionnants défis.
Chaque année, les professeurs donnent une journée de démonstration destinée à faire connaître au public le fonctionnement du centre.

En bloc

IDÉE

Les fleuristes ont créé une forme géométrique dont la composition détermine le style final de l'ensemble. Il naît à la fois un contraste et une harmonie entre la construction raide, habillée d'écorce, les fleurs, la verdure fine et la bougie.

MATÉRIEL

Triplex – bloc de bougie rectangulaire – mousse florale – colle – écorce de *Quercus robur* (chêne pédonculé) – mousse végétale – végétation du jardin: *Hedera helix* « arborescens » (baies de lierre), *Pieris japonica, Skimmia japonica, Viburnum tinus, Lavandula angustifolia* (lavande) – 1 fagot de *Quercus ilex* (chêne vert) - 1 petite plante de *Calocephalus brownii* – 1 paquet de bulbes de *Muscari botryoides* – 30 roses « Akito ».

MARCHES À SUIVRE

Fabriquez une structure de triplex en forme de poutre. Ménagez une place pour la bougie et la mousse de fixation. Couvrez le reste avec l'écorce de Quercus robur. Fixez, sur la mousse, la mousse végétale et la bougie à l'endroit prévu.

Faites une base avec les différentes sortes de verdure. Disposez ensuite les roses. Veillez à répartir les matériaux de manière équilibrée. Terminez avec quelques fines branches de *Calocephalus brownii.*

BLOEMSCHIKSCHOOL LAURUS VZW - CENTRUM VOOR BLOEMSIERKUNST
CONTACT : BART NYS - SMIDSTRAAT 196 - 2590 BERLAAR - TÉL. 03 422 56 90 - FAX 03 422 56 90 - BARTNYS@SKYNET.BE

8/

L'ÉCOLE D'ART FLORAL TUINPUNT

L'ÉCOLE D'ART FLORAL TUINPUNT a été fondée en 1828 sous le nom de *Koninklijke Tuin- en Landbouwmaatschappij van Antwerpen* (Société royale de jardinage et d'agriculture d'Anvers), ce qui fait d'elle la plus ancienne association de jardinage de Flandre. Son but est d'éveiller l'intérêt pour la nature grâce à un programme varié : conférences, expositions, voyages, excursions, cours et ateliers. Outre les cours de jardinage et d'aménagement de jardins, les exposés sur des sujets « nature » et les cours de peinture sur soie, l'art floral constitue une partie importante du programme proposé. Les cours d'art floral sont très diversifiés dans leurs thèmes et leurs formes, allant du classique au contemporain. Depuis 1970, l'ikebana, art floral japonais, fait aussi partie des possibilités. Vu le vif intérêt du public, les sections « Flandre orientale » et « Flandre occidentale » ont organisé leurs propres cours Ceux-ci sont étalés sur quatre ans et ont lieu les mardis, mercredis et jeudis.

À partir de la cinquième année, ceux qui le souhaitent peuvent poursuivre leur formation au sein du groupe anversois. Les cours abordent une grande variété de matériaux et de techniques susceptibles d'intéresser aussi bien les débutants que les amateurs avertis.

Dans sa revue, *Groei en Bloei*, l'école Tuinpunt offre des idées utiles pour le jardin, des descriptions détaillées de plantes et d'intéressants articles sur l'art floral.

Jeu de lignes

IDÉE

Le cornouiller séduit autant les amateurs de jardinage que ceux d'art floral. Les rameaux de cette plante vivace invitent à composer un jeu de lignes.

L'école Tuinpunt a opté pour un montage strict et contemporain dans une coupe.

MATÉRIEL

Plateau en polyester (50 cm de diamètre) – 3 fils à soudure solides – 100 rameaux de *Cornus stolonifera* « Flaviramea » (cornouiller canadien à branches jaunes) – 100 branches de *Cornus alba* (cornouiller blanc à branches rouges) – 5 *Zantedeschia aethiopica* ou *Calla aethiopica* « Richardia africana » (Callas de couleur pourpre).

MARCHES À SUIVRE

Coupez les branches de *Cornus* au diamètre exact du plateau. Percez deux petits trous dans chaque branche, à deux cm à droite et à gauche du point central. Enfilez-les, couleur sur couleur, sur les fils jusqu'à ce que la hauteur souhaitée soit atteinte. Les fils doivent être repliés en bas et en haut pour que les branches ne puissent pas glisser. Coincez les branches inférieures dans le plateau et disposez entre elles les *Zantedeschia aethiopica*. Versez de l'eau dans le plateau.

BLOEMSCHIKSCHOOL (ÉCOLE D'ART FLORAL) TUINPUNT

SECRÉTARIAT : VAN PRAETLEI 155 - 2170 MERKSEM - TÉL. 03 647 08 26 - FAX 03 644 15 38 - INFO@TUINPUNT.BE - WWW.TUINPUNT.BE

9/

L'ÉCOLE D'ART FLORAL DE WITTE ABEEL

L'ÉCOLE D'ART FLORAL DE WITTE ABEEL existe depuis cinq bonnes années. Elle est installée dans une école restaurée datant de 1890, appelée Eugenia's. La restauration a heureusement permis de conserver l'âme du bâtiment. Ses espaces pleins de charme forment aujourd'hui un formidable lieu de rencontre où les gens peuvent profiter des plaisirs de l'art floral dans une atmosphère de convivialité. L'atelier s'adresse surtout à des amateurs qui veulent embellir leur intérieur ou leur terrasse avec des créations personnelles.
De Witte Abeel offre un module de neuf cours et un atelier « quatre saisons ». Dans les deux cas, on travaille de manière créative avec des fleurs, des branches, des fruits et de la verdure. La formule adoptée, qui consiste à donner chaque cours douze fois, offre une grande souplesse aux élèves. Chacun apprécie les objectifs poursuivis: un apprentissage riche, agréable, visant à un beau résultat.

Quatre fois par an, l'école organise également des cours pour enfants.
Le programme de l'école est très varié: décorations de tables, montages pour terrasses, couronnes, guirlandes, bouquets en vases, en coupes, en pots et sur cadres. Divers techniques, matériaux, styles, formes, combinaisons de couleurs sont envisagés ainsi que toutes les nouvelles tendances. La nature et les saisons sont source d'inspiration et donc, objet de respect.

Montage sphérique à touche printanière

IDÉE

Le tendre *Leucobryum glaucum*, disposé sur une demi-sphère décorative, tend les bras au printemps. De frêles anémones blanches et de fraîches tulipes annoncent la nouvelle saison.

MATÉRIEL

Une demi-sphère de mousse de fixation (25 cm de diamètre) – papier collant résistant à l'eau - mousse florale verte (1/3 de bloc) – longues agrafes, type cavaliers – vase adapté – une barquette de *Leucobryum glaucum* – un bouquet de *Platyspermum*.12 anémones blanches – 12 tulipes « Du Montreux » (couleur crème) – 6 *Cucumis miro* – 1 pousse de *Diplocyclos*.

COMMENT FAIRE

Fixez sur la demi-sphère deux morceaux de mousse florale avec du papier collant waterproof.
Depuis le centre jusqu'au bord de la sphère, formez une bande où vous piquerez les fleurs. Recouvrez toute la surface de la demi-sphère avec du *Leucobryum* en évitant les endroits où se trouve la mousse florale.
Utilisez les cavaliers comme moyens de fixation.
Créez, sur la bande de mousse, une sorte de cascade de verdure, d'anémones et de tulipes. Terminez par le *Cucumis miro*, le *Diplocyclos* et déposez le montage sur le vase.

GCV DE WULF PRODUCTIES - TVA BE 0467 201 092, RPRGENT - CONTACT : JULIENNE VELDEMAN
RIVIERSTRAAT 2 - 9080 LOCHRISTI (BEERVELDE) - TÉL. 09 355 97 00 - FAX 09 355 34 42 - GROENSCHIKKEN@PANDORA.BE - WWW.GROENSCHIKKEN.BE

www.lannoo.com

Éditions Lannoo sa
Kasteelstraat 97, B-8700 Tielt
lannoo@lannoo.be
Postbus 1080, NL-7230 AB Warnsveld
boeken@lannoo.nl

Texte chapitre 1: René De Herdt
Texte chapitres 2 et 3: Patricia De Corte
Photographie chapitre 1:
Studio Claerhout, Gand: pages 10, 11, 12, 13 (en haut et en bas), 16, 25 (en bas), 27 (en haut et en bas), 30, 32, 35, 42, 49, 61, 63 (en haut et en bas)
Studio De Rammelaere, Gand: pages 83, 84, 85, 86, 87
Velle, A., Studio Daams, Bruxelles: page 77
Photographie chapitres 2 et 3: Philippe Debeerst
Mise en page: Whitespray bvba

Source des documents et des photos du chapitre 1:
Archives du ville de Gand: pages 20, 26, 56
Bibliothèque de l'Université Gand: pagines 11, 12, 13 (en haut et en bas), 14, 15, 16, 17, 18, 19, 24, 25 (en bas et en haut), 36, 37 (en bas), 38, 39, 40 (en haut), 41, 49, 53, 55, 60 (en haut), 61
De Herdt, René, Merelbeke: pages 27 (en bas), 30, 34, 35 (en haut), 40 (en bas), 41, 43 (en bas)
Fédération des Horticulteurs et Pépiniéristes Belges: pages 45, 46, 47
Hartmann, Gand: page 44
Homme & Culture Éditeurs
Musée de l'Industrie Archéologique et du Textile, Gand: pagina 43 (en haut)
Société Royale d'Agriculture et de Botanique, Gand: pages 21, 22, 29, 31, 33, 34, 35 (en bas), 37 (en haut), 50, 51, 54, 57 (en haut et en bas), 58, 59, 60 (en bas), 62, 63 (en bas), 64, 65, 66 (en haut et en bas), 67, 68, 69, 71, 72 (en haut et en bas), 73, 74 (en haut et en bas), 75, 76, 77, 78, 79, 80-81, 82
Université Gand. Laboratoire pour la Systématique Botanique: page 10

Je remercie, pour les informations qu'ils m'ont transmises, le prof. Ronald Viane, le bibliothécaire de la Société Royale d'Agriculture et de Botanique, Lucien Debersaques, Sabine De Groote et Luc Dhaeze, ainsi que le *Vlaams Informatiecentrum voor Land- en Tuinbouw* (VILT).

Imprimé et relié par Imprimerie Proost, Turnhout

D/2005/45/232 (deuxième tirage) • ISBN 90 209 6126 8 • NUR 420-421